テレワーク導入のための就業規則

就業規則

作成・変更の実務

弁護士
池内 康裕 [著]

清文社

はじめに

　テレワーク（在宅勤務・サテライトオフィス勤務・モバイル勤務）について、これまでは採用・人材の定着、生産性向上、コスト削減等の観点から導入が検討されてきました。特に、日本は少子高齢化が進んでいるため、柔軟な働き方の実現による採用・人材の定着を目的としたテレワークの導入がますます重要になりつつあります。

　さらに現在は、新型コロナウイルス感染症の感染拡大の影響により、従業員の安全確保の観点から、企業規模にかかわらず、テレワークを積極的に導入することが求められています。令和2年4月の緊急事態宣言を機に、急遽、テレワークを導入した企業も多いのではないでしょうか。厚生労働省のガイドラインでも、テレワークはウィズコロナ・ポストコロナの「新たな日常」、「新しい生活様式」に対応した働き方であるとされています。企業としては、新型コロナウイルス感染症が終息した後も、テレワークを制度化するかどうかを検討する必要があります。

　テレワークを導入する場合、就業規則に一定のルールを定め、公平な運用をするべきです。日本では、テレワークのみを対象とする法律はありません。そのため、テレワークに関する自社のルールを制定するためには、自社の企業規模、業種、業務内容等を十分に検討した上で、労働基準法等の現行法の範囲内で制度設計する必要があります。

　これらを踏まえた上で、厚生労働省は「情報通信技術を利用した事業場外勤務の適切な導入及び実施のためのガイドライン」（平成30年2月）を改定し、令和3年3月25日に「テレワークの適切な導入及び実施の推進のためのガイドライン」を公表しました。

　そこで本書は、このガイドラインをもとに、テレワークを通して柔軟な働き方を実現するという観点から、単に就業規則を解説するだけでなく、残業代トラブルを防ぐための対策やフレックスタイム制・事業場外みなし労働時間制等の「柔軟な」労働時間制についても解説しています。

第Ⅰ章ではテレワークの概念やメリット・デメリットを、第Ⅱ章では就業規則に関する基本的事項やテレワーク用の就業規則を作成する意義を、第Ⅲ章では在宅勤務・感染症対策等のための緊急時在宅勤務・サテライトオフィス勤務・モバイル勤務のための就業規則を、第Ⅳ章では在宅勤務申請書やその他のテレワークに関連する様式を解説しています。

　本書が、テレワーク導入のための就業規則を作成する際の参考に、また、柔軟な働き方の実現の一助になれば幸いです。

　最後に、本書の執筆にあたってご指摘・助言をいただいた弁護士 関谷将明氏、本書の刊行に携わっていただいた清文社の立川佳奈氏に紙上を借りて厚く御礼申し上げます。

　令和 3 年 6 月

弁護士　池内 康裕

第 II 章　テレワークと就業規則

[2 テレワーク導入のための就業規則の留意点] 41

[2　緊急時在宅勤務就業規則例]　170

［3　サテライトオフィス勤務就業規則例］　179

$\begin{bmatrix} \textbf{4} & \textbf{モバイル勤務就業規則例} \end{bmatrix}$　192

第Ⅳ章 就業規則付属様式例

※本書の内容は、令和 3 年 5 月 1 日現在の法令等によっています。

凡　例

本書では、次の略称を使用しています。

略　　称	正式名
最判（最決）	最高裁判所判決（決定）
高判（高決）	高等裁判所判決（決定）
地判（地決）	地方裁判所判決（決定）
ガイドライン	厚生労働省「テレワークの適切な導入及び実施の推進のためのガイドライン」（令和3年）
旧ガイドライン	厚生労働省「情報通信技術を利用した事業場外勤務の適切な導入及び実施のためのガイドライン」（平成30年）
時間管理の手引	厚生労働省「在宅勤務での適正な労働時間管理の手引」（平成24年）
モデル就業規則	厚生労働省「テレワークモデル就業規則〜作成の手引き〜」（平成29年）
調査	独立行政法人 労働政策研究・研修機構「情報通信機器を利用した多様な働き方の実態に関する調査結果」（平成27年）
基収、基発、発基	厚生労働省（または旧労働省）の通達

第 I 章

テレワーク総論

1 テレワークの概念

1. テレワークの定義

　テレワークとは、「労働者が情報通信技術を利用して行う事業場外勤務」のことです（ガイドライン・1頁）。この定義だけでは分かりにくいため、まずは定義にある「労働者」、「情報通信技術を利用」、「事業場外勤務」の3つのキーワードと総務省が掲げる定義をもとに、テレワークに該当しないものについて考えてみましょう。

(1) 労働者

　ガイドラインでは、テレワークの定義で「労働者」が行うとされているため、会社等と雇用契約を締結している従業員がテレワークの対象者となります。ここでいう「労働者」には正社員だけでなく、パートタイム労働者、契約社員、嘱託社員も含まれます。

　会社役員や自営業者が自宅で仕事をしても労働者ではないため、ガイドライン上のテレワークとはいえません。また、労働者ですから、労働基準法、最低賃金法、労働安全衛生法、労働者災害補償保険法等の労働基準関係法令が適用されます（ガイドライン・6頁）。なお、最低賃金法との関係では、テレワークを行う場所の如何にかかわらず、テレワークを行う労働者の属する事業場がある都道府県の最低賃金が適用されることに留意が必要です（ガイドライン・6〜7頁）。家内労働法が適用される家内労働（例えば、自宅を作業場として、メーカーや問屋などの委託者から部品や原材料の提供を受けて、一人または同居の親族とともに物品の製造や加工などを行い、その労働に対して工賃を受け取る人）については、雇用関係ではなく、請負関係にあるため、テレワークとはいえません。

(2) 情報通信技術を利用する

　「情報通信技術を利用」することが条件とされているため、パソコンや携帯電話などを利用して仕事を行うことが前提となります。そのため、例えば自宅で商品の梱包作業をする場合は、通常、テレワークとはいえません。

(3) 事業場外勤務

　「事業場外勤務」と定義されているため、オフィス内で情報通信技術を利用して仕事をしてもテレワークとはいえません。例えば、ZOOMやベルフェイスなどのWeb会議サービスを利用したオフィス内での顧客に対する営業活動は、テレワークとはいえません。

(4) テレワークと柔軟な働き方

　総務省では、テレワークを「ICT（情報通信技術）を利用し、時間や場所を有効に活用できる柔軟な働き方」と定義しています。

　ただし、現時点で、テレワークについて時間や場所を有効に活用するための特別な法律があるわけではありません。時間や場所を有効に活用できる柔軟な働き方を実現するためには、労働基準法等の現行法の範囲内で創意工夫する必要がある点に注意が必要です。

　まず、時間の柔軟性については、後述する通りフレックスタイム制・事業場外みなし労働時間制・裁量労働制・高度プロフェッショナル制度、時間単位の有給休暇・休憩時間と休日の選択制・短時間勤務制度などと組み合わせる必要があります。テレワークを導入することにより、当然に労働時間が柔軟になるわけではありません。

　場所の柔軟性については、希望者のみを対象とすることで、オフィス以外の場所で勤務することが可能となります。他方、希望者以外の者を

対象に新型コロナウイルス感染症対策のために業務命令として在宅勤務を命じる場合は、場所の柔軟性を実現したとはいえないでしょう。

2. テレワークに関連・類似する用語

(1)　テレワークとリモートワーク

　まず、リモートワークとは、事業場以外の場所での労働という意味で用いられているようですが（東京高判平成 30 年 4 月 18 日）、基本的にはテレワークと同じ意味であると考えられます。公的機関でリモートワークという用語が用いられることは少なく、テレワークとリモートワークを厳密に区別する必要もありません。

(2)　在宅勤務、サテライトオフィス勤務、モバイル勤務

　次に、在宅勤務、サテライトオフィス勤務、モバイル勤務は、テレワークを行う場所に着目した概念です。業務を行う場所に応じて、労働者の自宅で業務を行う在宅勤務、労働者の属するメインのオフィス以外に設けられたオフィスを利用するサテライトオフィス勤務、ノートパソコンや携帯電話等を活用して臨機応変に選択した場所（喫茶店など）で業務を行うモバイル勤務といった分類がされています（ガイドライン・1 ～ 2 頁）。

　テレワークは、メインのオフィス以外の場所での勤務を意味するため、「テレワーク＝自宅での勤務」とは限りません。テレワークを行う場合、勤務場所の特定（例えば、自宅以外で勤務することを認めるかどうか）をすることが望ましいといえます。

　情報漏洩のリスクから自宅のみの勤務しか認めない場合、就業規則にその旨を記載すべきです。

(3) 在宅勤務に関連する概念

　さらに、在宅勤務については、頻度に着目して常時型在宅勤務、随時型在宅勤務という区分もされます。日本では、週1～2回在宅勤務をする随時型在宅勤務が一般的です。

【図表1−1】　在宅勤務の頻度に着目した区分

	説　明
常時型在宅勤務	比較的長期間にわたり、ほとんどの労働日を在宅勤務にあてる形態
随時型在宅勤務	週に1～2回、月に数回、あるいは午前中だけというように、全労働日のうち、部分的に在宅勤務にあてる形態

（出典）厚生労働省「在宅勤務での適正な労働時間管理の手引」平成24年

　1日の勤務時間のどの部分を在宅で勤務するかに着目して、終日在宅勤務と1日の一部在宅勤務という区分がされることもあります。

　終日在宅勤務：週に1日以上終日在宅で作業をする働き方

　1日の一部在宅勤務：1日の勤務時間のうちの一部を在宅で作業する

　　　　　　　　　働き方

3. テレワークの歴史

(1) トフラー『第三の波』

　テレワークの研究がさかんになったのは、1970年代以降のアメリカといわれています。自動車通勤が一般化しているアメリカでは、1970年代の石油危機以降、自動車での移動を削減する必要があったからです。

このとき想定されていた主な通信手段は、電話と FAX であり、パソコンはまだ一般的に普及していません。

在宅勤務型のテレワークのアイデアを広く世間に紹介したのは、未来学者アルヴィン・トフラーです。トフラーは、「エレクトロニクス住宅」という概念を提示していますが、これは在宅勤務とほぼ同義です。トフラーは、1980 年に発行したベストセラー『第三の波』で、コンピューター等の情報通信機器を活用することで、オフィスや工場へ通勤せず、自宅で仕事をする時代が到来する可能性があると予言しました（Alvin Toffler The Third Wave William Morrow and Company 1980 ＝徳岡孝夫監訳『第三の波』中公文庫、昭和 57 年）。

トフラーによれば、このような在宅勤務が普及することで、①転勤せずに地域共同体に参加できるようになる、②エネルギー問題の解決につながる、③労働者が個人事業主に近くなる、④家族単位で仕事をするようになるなどの社会変革をもたらすとされています。

製造とホワイトカラーの両部門の生産方式が飛躍し、「エレクトロニクス住宅」の実現に到達できれば、いま人々が議論したり、闘ったり、ときにはそのために生命を賭けている問題の多くは、時代遅れになり、論議の条件は一変するだろう。

（出典）Alvin Toffler The Third Wave William Morrow and Company 1980 ＝徳岡孝夫監訳『第三の波』中公文庫、昭和 57 年

---

(2) 1984 年から 1990 年代 (日本)

日本でのテレワークは、NEC が 1984 年から 1990 年にかけて通勤の負担を軽減するために、東京・吉祥寺にサテライトオフィスを設置したところから始まります。

バブル経済期には、オフィスの維持コストの高騰や働きやすい企業であることのアピールのため、「サテライトオフィス」と呼ばれる郊外立地型オフィスを設置する企業が増加しました（第1次テレワークブーム）。

　ところが、バブル崩壊後、テレワークは冬の時代を迎えます。その背景としては、バブル崩壊により、オフィスの維持コストが下がり、人手不足が解消されたことが挙げられます。また、インターネットの商用利用が開始されたのは1994年であり、当時は、インターネットによる情報収集・情報共有、電子メールによるコミュニケーションなどといった業務環境が一般的ではなかったという事情があります。

(3) 1990年代後半から2000年代（日本）

　1990年代後半にはインターネットやノートパソコンの普及により、モバイルワーク、SOHO（自営型テレワーク）等の新たな働き方の流行が起こりました（第2次テレワークブーム）。

　2000年代に入ると、ブロードバンドの普及とインターネットへの常時接続料金が下がったことにより、テレワークを導入する企業は順調に増加しました（第3次テレワークブーム）。2000年の調査でテレワークを導入している企業は2％ですが、2009年には19％に増加しました（総務省「通信利用動向調査報告書」平成13年、平成22年）。

　さらに、「5年以内に世界最先端のIT国家となることを目指す」（2001年）、「2010年までに就業人口の2割をテレワーカーとする」（2003年）等の国家目標が立てられ（e-Japan戦略）、これまで民間企業主導で進んできたテレワークが日本の国家戦略の一つとなりました。次世代育成支援対策推進法の告示（2003年）では、「テレワークの導入」の「推進」が記載されています。

(4) 2010 年代（日本）

　2008 年のリーマンショックをきっかけに、テレワーク導入企業の割合は減少し、2013 年には 9.3％に減少します（総務省「通信利用動向調査報告書」平成 22 年～平成 26 年）。

　テレワーク勤務者が就業人口に占める割合については、2002 年から 2012 年まで着実に増加し、2012 年には 20.3％となりました（国土交通省「テレワーク人口実態調査」平成 15 年～平成 25 年）。ところが、2013 年以降、テレワーク勤務者が減少し、2019 年の調査では、14.8％となりました。この数字は、2008 年頃の水準です。

　このように、情報通信技術の進歩に伴いテレワークが増え続けたわけではありません。むしろ、2010 年代は、情報通信技術が進歩しているのにテレワークの割合が減少しています。日本の場合、景気が悪くなるとテレワークが減少する傾向があるといえます。景気が悪くなるとテレワークの導入にコストをかける余裕がなく、また人手不足も解消されるため、人材採用を目的としたテレワークの必要性も乏しくなるという事情が背景にあると考えられます。

　情報通信技術以外の観点から、日本政府は、2017 年に働き方改革を推進し、少子高齢化に伴う育児や介護対策のためにテレワークを促進するという目標を立てました。

　また、2009 年の新型インフルエンザ問題や 2011 年の東日本大震災など、災害危機対策との関係でテレワーク導入の必要性が議論されるようになりました。

(5) 2019 年以降の新型コロナウイルス感染症の流行

　2019 年 12 月に中国武漢で原因不明の重篤肺炎が発生し、患者からは新型コロナウイルス（SARS-CoV-2）が検出されました。世界中に感

染が拡大し、WHOは、2020年3月11日にパンデミックを宣言しました。

　日本でも、新型コロナウイルスの感染が急速に拡大し、公共交通機関を利用した通勤などは、十分な感染予防対策を取らないと従業員の感染リスクを高めることが懸念されることから、企業には通勤や職場での感染を避けるという従業員の「安全確保」のための在宅勤務を積極的に導入することが求められています。

　2020年の調査では、テレワークを導入したと回答している企業の63.9%が、新型コロナウイルス感染症の流行をきっかけに初めて導入・実施し、新型コロナウイルス感染症の影響等によりテレワークに従事した者の87.2%が継続してテレワークを実施することを希望しています（三菱UFJリサーチ＆コンサルティング「テレワークの労務管理等に関する実態調査（速報版）」令和2年）。

　実際に、「在宅勤務（テレワーク）の実施」の割合が、2020年2月時点では5.3%なのに対し、緊急事態宣言が発令された2020年4月には47.1%となり、2020年5月には48.1%まで上昇しています（独立行政法人 労働政策研究・研修機構「『新型コロナウイルス感染症が企業経営に及ぼす影響に関する調査』（一次集計）結果」令和2年7月16日）。

　このように、新型コロナウイルスをきっかけに緊急避難的にテレワークを導入した企業が多く、しかも従業員の大多数がテレワークの継続を希望しています。そのため、企業としては新型コロナウイルス感染症の終息後もテレワークを制度化するかどうかの検討が必要になります。

2 テレワークのメリット／デメリットを考える

1. メリット

　平成26年に行われた調査結果で、テレワーク実施の効果として、テレワークを実施した企業が回答したものを割合が多い順番に整理すると、以下の表の通りとなります。

【図表1−2】　テレワーク実施の効果

終日在宅勤務	一日の一部在宅勤務	モバイル勤務
家庭生活を両立させる従業員への対応（51.8%）	従業員の移動時間の短縮・効率化（44.9%）	従業員の移動時間の短縮・効率化（58.4%）
定型的業務の効率・生産性の向上（35.7%）	家庭生活を両立させる従業員への対応（44.9%）	定型的業務の効率・生産性の向上（54.5%）
従業員の移動時間の短縮・効率化（35.7%）	従業員のゆとりと健康的な生活の確保（32.7%）	顧客満足度の向上（22.1%）
従業員のゆとりと健康的な生活の確保（33.9%）	創造的業務の効率・生産性の向上（30.6%）	創造的業務の効率・生産性の向上（20.1%）

（出典）独立行政法人 労働政策研究・研修機構「情報通信機器を利用した多様な働き方の実態に関する調査結果」平成27年をもとに作成

【図表1-3】 テレワーク実施の効果（複数回答）

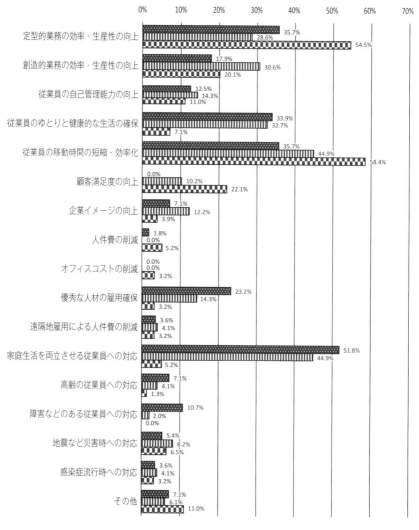

定型的業務の効率・生産性の向上
35.7%
28.6%
54.5%

創造的業務の効率・生産性の向上
17.9%
30.6%
20.1%

従業員の自己管理能力の向上
12.5%
14.3%
11.0%

従業員のゆとりと健康的な生活の確保
33.9%
32.7%
7.1%

従業員の移動時間の短縮・効率化
35.7%
44.9%
58.4%

顧客満足度の向上
0.0%
10.2%
22.1%

企業イメージの向上
7.1%
12.2%
3.9%

人件費の削減
1.8%
0.0%
5.2%

オフィスコストの削減
0.0%
0.0%
3.2%

優秀な人材の雇用確保
23.2%
14.3%
3.2%

遠隔地雇用による人件費の削減
3.6%
4.1%
3.2%

家庭生活を両立させる従業員への対応
51.8%
44.9%
5.2%

高齢の従業員への対応
7.1%
4.1%
1.3%

障害などのある従業員への対応
10.7%
2.0%
0.0%

地震など災害時への対応
5.4%
8.2%
6.5%

感染症流行時への対応
3.6%
4.1%
3.2%

その他
7.1%
6.1%
11.0%

■終日在宅勤務（N=56）　■1日の一部在宅勤務（N=49）　■モバイルワーク（N=154）

（出典）独立行政法人 労働政策研究・研修機構「情報通信機器を利用した多様な働き方の実態に関する調査結果」平成27年

前記の調査を踏まえ、企業の立場からテレワークを行う主なメリットをまとめると、以下の通りです。

(1)　人材の採用・定着

育児や介護との両立、家族と過ごす時間が増える、通勤時間の削減、遠隔地での勤務が可能になる、身体的な障害により通勤が困難な場合にも就労の機会が提供できるなど、テレワーク（特に在宅勤務）は、従業員にとってもメリットがある制度です。「在宅勤務」を実施していない企業で働く従業員を対象とした調査（平成 26 年）でも、会社で認められた場合に仕事をしたい場所として、自宅と回答した従業員は 34.7％です（調査・35 頁）。

そのため、ワークライフバランスを実現するための福利厚生制度としてテレワーク（特に在宅勤務）を導入することにより、優秀な人材の確保や離職率の低下を図ることができます。

特に少子化が進んでいる日本では、今後、人材の採用・定着は、企業にとって極めて重要な課題となります。

(2)　業務の効率化・生産性の向上

テレワークを行うだけで業務効率化ができるわけではありませんが、テレワークを導入するに際して不要な仕事を減らす、ペーパーレス化を進めるなどして、定型的な仕事の業務の効率化が推進できる可能性があります。

また、創造的な業務（一定の裁量を認めた方が成果につながる業務）については、テレワークを導入することで生産性が向上する（例えば、自宅で一人で集中して仕事ができる等）可能性があります。

(3) コストの削減

　テレワークを導入することでオフィスに従業員が常駐する必要がないため、営業拠点の統廃合や縮小による賃料の削減ができます。

　例えば、6000人が勤務している東京営業所のうち4300人についてテレワークを導入したところ、オフィスコストの30％削減を達成した事例もあるようです。ただし、社員の人数にかかわらず最低限の必要なオフィス面積があり、営業拠点の統廃合や縮小による賃料の削減が効果的なのは、数百人以上の規模の営業所という指摘がされています。また、サテライトオフィス勤務を導入する場合、サテライトオフィスを維持するコストも必要となる点にも留意が必要です。オフィスに通勤する頻度が減るため、通勤手当を減らすこともできます。ただし、テレワークの日数によりますが、効果としては限定的でしょう。

(4) 感染症対策などの安全衛生対策や災害時の事業継続対策

　一つの場所に集まって仕事をすること自体が、新型コロナウイルス等の感染症拡大のリスクを高めると考えられています。社内での感染を防止するため、感染症が収束するまでの期間、緊急避難的にテレワークを導入する企業が増えています。

　また、全従業員が1ヵ所のオフィスに勤務している場合、大規模地震や火災等でそのオフィスが機能しない事態が発生したり、法改正により欧州のように新型コロナウイルスなどの流行性疾患を理由とした外出禁止命令が出された場合、そのオフィスは事業停止をせざるを得なくなります。オフィス以外での勤務を可能にすることにより、災害時に企業が事業を継続するためにも有効といえます。ただし、災害によりインターネットや電話のための通信設備が重大な被害を受けた場合や電力供給が途絶えた場合、そもそも在宅勤務自体が不可能であることに留意が必要

です。少なくとも大規模地震の場合は、テレワークが効果的とはいえないことが多いと思われます。

　以上のことから、在宅勤務については、新型コロナウイルス等の感染症が流行したときの事業継続との関係で最適と考えられます。安全衛生対策や災害時の事業継続を目的とするテレワークについては、従業員の希望とは関係なく、業務命令として実施するのが適切です。

2.　デメリット

　平成26年に行われた調査結果で、テレワーク実施の課題として、テレワークを実施した企業が回答したものを割合が多い順番に整理すると、以下の表の通りとなります。

【図表1-4】　テレワークの課題（勤務形態別）

終日在宅勤務	一日の一部 在宅勤務	モバイル勤務
進捗状況などの 管理が難しい （36.4%）	労働時間の管理 が難しい （42.0%）	情報セキュリティの確 保に問題がある （42.3%）
労働時間の管理 が難しい （30.9%）	コミュニケーションに 問題がある （28.0%）	労働時間の管理 が難しい （40.3%）
コミュニケーションに 問題がある （27.3%）	情報セキュリティの確 保に問題がある （28.0%）	機器のコストが かかる （25.5%）
情報セキュリティの確 保に問題がある （27.3%）	進捗状況などの 管理が難しい （26.0%）	進捗状況などの 管理が難しい （18.8%）

（出典）独立行政法人　労働政策研究・研修機構「情報通信機器を利用した多様な働き方の実態に関する調査結果」平成27年をもとに作成

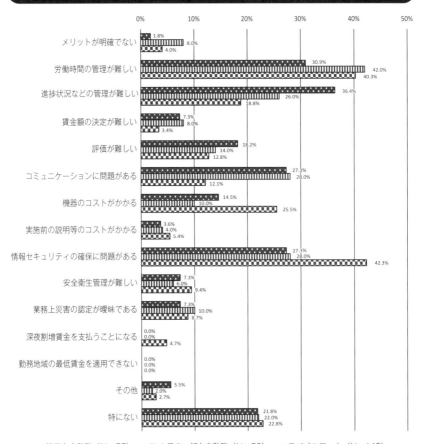

【図表1-5】 テレワーク実施の課題（複数回答）

■終日在宅勤務（N＝55）　■1日の一部在宅勤務（N＝50）　■モバイルワーク（N＝149）

（出典）独立行政法人 労働政策研究・研修機構「情報通信機器を利用した多様な働き方の実態に関する調査結果」平成27年

　上記の調査を踏まえ、企業の立場からテレワークを行う際の主なデメリットをまとめると、次の通りです。

(1)　業務遂行や労働時間の管理が困難

　テレワークの場合、同じ空間に上司がいないため、きちんと仕事をしているか、どのような仕事をしているかといった管理が困難であるという課題があります。さらに、労働時間を適切に管理できないことにより、長時間労働になったり、仕事と仕事以外の時間の区別ができなくなったりするという弊害も考えられます。

(2)　情報セキュリティの確保に問題がある

　自宅でウイルス対策が不十分なパソコンを用いることによる情報漏洩、ノートパソコンなどの情報機器を持ち出すことによる盗難や紛失のリスクなどが考えられます。さらに、外部からアクセスできない情報を紙媒体で持ち出すことによる盗難や紛失のリスクが考えられます。

(3)　コミュニケーションに問題がある

　対面する機会が減るため、組織としての一体性に問題が生じる可能性があります。これは、単に経営者側からみた組織としての一体性ということではありません。

　従業員に対するアンケート調査でも、「上司等とのコミュニケーションが難しい（11.4%）」、「孤独感や疎外感を感じる（5.7%）」という回答が一定数あることに留意が必要です（調査・52頁）。

3.　メリット・デメリットを踏まえた検討の視点

(1)　目的の明確化

　前述した通り、企業にとってのテレワークのメリットは、①人材の採

用・定着、②業務の効率化・生産性の向上、③コストの削減、④感染症対策などの安全衛生対策や災害時の事業継続対策が考えられます。

　テレワーク導入に際しては、何のためにテレワークを導入するのかを明確にしなければなりません。目的を一つに絞る必要はありませんが、矛盾する目的を同時に達成しようとするのは避けるべきです。

　創造的業務の効率・生産性の向上が目的であれば、裁量労働制の対象となり得る業務従事者（研究開発、システムの分析・開発、新聞・出版の編集者、デザイナー、プロデューサー、ディレクター、コピーライター、システムコンサルタント、インテリアコーディネーター、ゲーム用ソフトウェアの創作、証券アナリスト、金融商品の開発など）を対象とすべきです。

　ワークライフバランスの向上による採用や人材の定着を主な目的とする場合、正社員等長期雇用が予定されている者や育児・介護の必要がある者が対象者となります。この場合、就業規則等を整備して対象者や期間を明文化するなどして、不公平な運用とならないように配慮する必要があります。恣意的な運用をした場合、かえって人材の定着に悪影響を及ぼす可能性が高くなります。

　新型コロナウイルスなどの感染症対策が主な目的であれば、いわゆるエッセンシャルワーカー（廃棄物収集従事者、医療従事者、バス・電車運転士等）を除いた全ての労働者が対象者となります。緊急避難的な意味で短期間行うものであるため、テレワークに適していない業態でも行うことになります。そのため、多くの場合、業務の効率性やコストの削減は犠牲にせざるを得ないでしょう。また、新入社員などのテレワークに適さない者も、テレワークの対象になると思われます。感染症対策をきっかけにテレワークを実施し、感染症終息後にテレワークを終了する場合は、その旨を労使で共有することも必要です。

(2)　デメリットを最小化できるか

　前述した通り、テレワークの主なデメリットは、①業務遂行や労働時間の管理が困難、②情報セキュリティの確保に問題がある、③コミュニケーションに問題があることです。

①　業務遂行や労働時間の管理についての課題解決

　定型的業務については、報告や記録の方法をあらかじめ決めておき、特定の時間帯にどの業務に従事しているかを確認することが考えられます。

　他方、創造的業務については、事業場外みなし労働時間制、裁量労働制等を導入し、詳細かつ網羅的な報告を不要とした上で、成果に着目した労務管理をする方法が考えられます。

②　情報セキュリティの確保についての課題解決

　情報セキュリティの確保については、テレワークを想定したセキュリティ対策に関する社内ルールの作成・周知、教育、ウイルス対策ソフトの導入などの対応が必要です。

　なお、新型コロナウイルスなど感染症対策のために緊急避難的にテレワークをする場合も、情報漏洩のリスクを最小化する必要があります。テレワークのための就業規則を作成しない場合も、テレワークを想定したセキュリティ対策に関する社内ルールの制定・周知は不可欠です。

③　コミュニケーションについての課題解決

　コミュニケーションについては、週5回8時間以上直接対面しなければ組織としての一体性に問題が生じるという考え方を変えていく必要があるでしょう。外回りの営業職も、上司と対面して仕事をする機会が

少ないという意味ではテレワーク勤務者と共通しています。

　週に数日の在宅勤務などのテレワークであれば、コミュニケーションに支障が生じるとは考えにくく、むしろ、普段から職場で上司や同僚と適切にコミュニケーションを取り合い、見ていない所でもきちんと仕事ができる人であるというお互いの信頼関係の形成が重要です。

　もちろん、コミュニケーションの問題を軽視して良いということではありません。テレワークを導入・実施しても、従来通り、またはそれ以上に活発なコミュニケーションを行うことができれば、従業員のやる気向上や仕事の生産性向上などにつながります。そのため、テレワーク導入後も、例えば、①定期的にメンバー同士で顔を合わせて意見統一を図る機会を設ける、②テレビ会議等により双方的コミュニケーションを積極的に行うことなどが必要です。

　また、単に上司との接触機会が少ないという理由だけで低評価となるような不公平を避けるため、テレワーク勤務者が多い部署では、責任感・積極性・協調性等の主観的な人柄評価の比重を見直すことも検討すべきです。人事評価制度については、ガイドラインの以下の記載も参考になります。

　　例えば、上司は、部下に求める内容や水準等をあらかじめ具体的に示しておくとともに、評価対象期間中には、必要に応じてその達成状況について労使共通の認識を持つための機会を柔軟に設けることが望ましい。特に行動面や勤務意欲、態度等の情意面を評価する企業は、評価対象となる具体的な行動等の内容や評価の方法をあらかじめ見える化し、示すことが望ましい。

　　加えて、人事評価の評価者に対しても、非対面の働き方において適正な評価を実施できるよう、評価者に対する訓練等の機会を設ける等の工夫が考えられる。

　また、テレワークを実施している者に対し、時間外、休日又は所定外深夜(以下「時間外等」という。)のメール等に対応しなかったことを理由として不利益な人事評価を行うことは適切な人事評価とはいえない。

　なお、テレワークを行う場合の評価方法を、オフィスでの勤務の場合の評価方法と区別する際には、誰もがテレワークを行えるようにすることを妨げないように工夫を行うとともに、あらかじめテレワークを選択しようとする労働者に対して当該取扱いの内容を説明することが望ましい。(テレワークの実施頻度が労働者に委ねられている場合などにあっては)テレワークを実施せずにオフィスで勤務していることを理由として、オフィスに出勤している労働者を高く評価すること等も、労働者がテレワークを行おうとすることの妨げになるものであり、適切な人事評価とはいえない。

(出典)厚生労働省「テレワークの適切な導入及び実施の推進のためのガイドライン」令和3年

(3)　どのような業種がテレワークに向いているか

　生産性向上を主な目的とする場合、どのような業種がテレワークに向いているかが問題となります。

　業務内容としては、文書作成、連絡・調整、情報の収集・整理は、テレワークに向いていると考えられています。これらの仕事は、データや資料が手元にあれば、パソコンやスマートフォンを使用することで処理できるからです。

　平成26年に行われた調査結果によれば、部門としては、研究・開発・設計、企画・調査・広報、営業、人事・労務・総務、情報処理、経理・会計等がテレワークに向いていると考えられています(調査・12頁)。

　ただし、どのような業種や職種であれ、労働者一人ひとりの仕事内容

は多種多様であり、その中に在宅勤務に向く仕事とそうでない仕事が混在しています。テレワークの導入を推進するのであれば、顧客対応などの対面業務でも、その仕事をよく観察すると、書類作成など自宅でもできる仕事が含まれているため、週1日を在宅勤務日とし、その日に書類作成を集中して行う「随時型在宅勤務」を検討することが考えられます（時間管理の手引・4頁）。例えば、工場で行う事務作業やデータ分析等の業務の一部を在宅で行うことで、業務の効率化を図ることも考えられます。

　これまで顧客対応業務は、テレワークに適していないと考えられてきました。しかし、新型コロナウイルス感染症の流行により、対面で顧客と対応する機会は減少することが想定されます。そのため、ZOOM やベルフェイスなどの Web 会議サービスを利用して、自宅から顧客対応することも考えられます。

　他方、アメリカの企業では、在宅勤務に適した業務であると考えられていたコールセンター業務が、在宅勤務に適していないと判明した事例もあります。顧客からの苦情を聞くのはストレスがたまり、自宅では休憩時間に同僚に愚痴をこぼすことができないからです。このように、実際にやってみなければ在宅勤務に適しているかどうか分からないという側面もあるため、いきなり全面的に導入するのではなく、まずは期間限定の試験的な導入（例えば、1週間に1回程度から徐々に増やしていくなど）をすべきでしょう。

　定型的業務については、今後10年〜20年程度で70％以上自動化され消滅するという予測もあります。在宅勤務が比較的向いていると考えられる事務職では、技術の進歩により在宅勤務が可能になりますが、その技術の進歩によって事務職の仕事自体が減ってしまう可能性も高いのです。

　生産性向上の観点から、将来的には、創造的な業務（一定の裁量を認

めた方が成果につながる業務）について、積極的にテレワークを導入することを考えることになるでしょう。創造的な業務は、一定程度の公私混同を認めることで、かえって生産性が上がる可能性もあるからです。従来と異なる新しい発想は、個人の主体的で自由な活動に依存しており、上司の命令や慣習による活動からは個人の創造性の発揮はないため、テレワークは知的創造を行う上で有効な働き方であるという指摘もされています。

(4)　テレワークを導入することにより生産性は上がるのか

　生産性向上のためにテレワークの導入を検討する場合、テレワークにより生産性が上がるかどうかが問題となりますが、現時点で明確な結論は出ていません。少なくとも、テレワークを導入しただけで生産性が上がるとは考えられていません。

　確かに、従業員に対するアンケート調査で、テレワーク等導入企業と非導入企業を比べた場合、導入企業は平成24〜28年の労働生産性の伸び率がさらに十数％ポイント、年平均で3〜4％ポイント高まるという研究があります（古川靖洋『テレワーク導入における生産性向上戦略』千倉書房、平成27年）。しかし、人材活用に関するテクノロジー（ICT、RPA、AIなど）やテレワークの導入と成果指標（ROA）との関係については、高生産性企業と低生産性企業との間で有意な差は見られなかったという報告もあります（総務省「令和元年版　情報通信白書」令和元年）。テレワークを導入することで、情報通信技術の活用が推進されるという側面もありますが、情報通信技術の活用はオフィス内でも可能なため、テレワークを導入する決定的な理由にはなりません。

　以上を踏まえたテレワーク導入のメリットとしては、次の点が考えられます。

　まず、テレワークを導入することで人材の採用や従業員の定着率が向

上し、これにより生産性が高くなると考えることができます。従業員300人以上の企業、製造業、労働の固定費が大きい企業では、ワークライフバランス施策により、生産性が向上するという効果が認められています（山本勲／黒田祥子『労働時間の経済分析 超高齢社会の働き方を展望する』日本経済新聞出版、平成26年）。テレワークをワークライフバランス施策の一つと理解すると、採用・解雇にかかる費用や企業特殊スキルの形成にかかる費用の大きい企業では、テレワークを導入することで、人材の採用や従業員の定着率を向上させることができます。人材の採用や定着率が向上すると、採用・育成にかかる費用を抑えることができるため、生産性を高めることにつながります。

　このような解釈の裏付けとなる以下のようなデータ分析もあります。

　データの分析によって、(1) テレワーク等の柔軟勤務を行っている場合は、勤め先の健康配慮を実感する意見が多くなる、(2) 健康配慮を感じている者は、勤め先への信頼感が高い、(3) 信頼感が高い者は、自己啓発で蓄積した人的資本を、現在の仕事のために生かそうとする傾向が強い、ということが分かった。

　テレワーク等の取組は、勤め先への信頼感を高める効果があり、それが雇用者の自己啓発への姿勢に影響し、自社の生産性向上につながると解釈するべきであろう。

（出典）公益財団法人 日本生産性本部「第2回 働く人の意識に関する
　　　　調査 調査結果レポート」令和2年

　このように、テレワークを導入することにより、一定の条件下ではワークライフバランスが向上し、中長期的には生産性の向上につながると考えられます。

4. テレワークと日本型雇用の未来

　日本以外の社会では、どのような種類の職務（仕事）を行うか、雇用契約でその内容を明確に定め、その定められた職務をしてもらいます。日本以外の社会でも、正当な理由がなければ解雇することができませんが、雇用契約で定められた職務がなくなったのであれば、解雇の正当な理由となります。

　他方、日本の正社員の雇用契約（主に大企業）では、具体的な職務が限定されておらず、ある職務が必要なくなっても、別の職務で人が足りなければ、その職務に異動させて雇用契約を維持することができます。そのため、別の職務への異動の可能性がある限り、解雇の正当な理由は認められません。賃金についても、職務ごとに決めることが困難であるため、年功序列をベースとした人事考課により賃金を決めることになります。

　テレワークを導入するためには、各人の職務単位を明確にすることが必要とされています。今後、日本でもテレワークを導入する企業が増加すれば、欧米同様に職務を単位とした雇用契約へと再編される可能性があります。これにより、終身雇用や年功序列をベースとした日本型雇用そのものが変わってしまう可能性があります。

第 Ⅱ 章

テレワークと就業規則

1　就業規則とは

1.　就業規則の意義と効果

　労働基準法第89条によれば、就業規則とは、「常時十人以上の労働者を使用する使用者」が作成して労働基準監督署に届け出をしなければならない文書です。就業規則に記載しなければならない内容は、労働基準法第89条に記載されています。

　法律上、就業規則には3つの効果が認められています。以下では、この3つの効果について解説していきます。

(1)　就業規則に合意していなくても労働契約の内容になる

　多くの従業員を雇用している企業にとって、従業員ごとに労働条件が異なると、効率的で公平な労務管理が困難になるため、就業規則が必要になります（秋北バス事件・最判昭和43年12月25日）。そのため、合理的な労働条件が就業規則に記載されている限り、従業員が合意していなくても、就業規則の内容が労働契約の内容になります（労働契約法第7条）。これを就業規則の「労働契約規律効」といいます。通常の契約では、合意していない内容が、契約内容になるということはありません。ところが、就業規則については、入社するときに就業規則の内容を知らなくても、一定の要件を満たせば雇用契約の内容になってしまいます。就業規則以外にこのような効果が認められる例としては、銀行の約款等があります（民法第548条の2第1項）。

(2)　就業規則を下回る個別合意をしても無効になる

　次に、就業規則と異なる合意を労使間ですることはできるのでしょうか。

就業規則は、最低限の労働条件を記載したものです。労使間の個別合意で就業規則を下回る合意をしても無効であり、就業規則が優先して適用されます（労働契約法第12条）。これを就業規則の「最低基準効」といいます。就業規則を作成する際には、この最低基準効を意識して作成することが不可欠です。例えば、賃金規程で通勤手当の上限を2万円としているのに、個別の雇用契約書で上限を1万円と合意したとしても、この合意は無効です。この場合、就業規則が優先的に適用され、通勤手当の上限は2万円となります。

(3) 就業規則を不利益に変更する場合は合意が必要

では、一度作成した就業規則を変更することはできるのでしょうか。

まず、労働者にとって有利な変更はできます。他方、原則として、労働者にとって不利益な変更はできません（労働契約法第9条本文）。例外

【図表2-1】 就業規則の3つの効果

	内　容	根拠条文
労働契約規律効	合理的な労働条件が記載されていた就業規則が従業員に周知されている限り、従業員が合意していなくても、労働契約の内容になる	労働契約法第7条
最低基準効	労使間の個別合意で、就業規則を下回る合意をしても無効であり、就業規則が優先して適用される	労働契約法第12条
合理的変更の場合の労働契約規律効	就業規則の変更が合理的なものであるときは、変更後の就業規則が労働契約の内容になる	労働契約法第10条本文

的に不利益な変更が認められるのは、以下の 2 つの場合です。

例外の 1 つ目は、変更後の就業規則を労働者に周知し、かつ、就業規則の変更が合理的なものである場合です。この場合、変更後の就業規則が労働契約の内容になります（労働契約法第 10 条本文）。これを「合理的変更の場合の労働契約規律効」といいます。

例外の 2 つ目は、従業員が自由な意思で就業規則の変更に合意した場合です（労働契約法第 9 条本文、山梨県民信用組合事件・最判平成 28 年 2 月 19 日）。単に合意するだけでなく、「自由な意思」で合意する必要がありますが、この合意が認められた場合、合理性は必要ありません。

2. 企業にとっての就業規則を作成する意味

従業員が 10 名以上の会社は、法律で定められているため、就業規則を作成しなければなりません（労働基準法第 89 条）。他方、従業員が 10 名未満の企業では、法律上、就業規則を作成する義務はありません。

では、従業員が 10 名未満の会社が就業規則を作成する意味はないのでしょうか。

結論としては、従業員が 10 名未満の会社でも、就業規則を作成した方が望ましいといえます。

その理由として、まず、全ての労働条件を雇用契約書に記載することは現実的ではありません。従業員ごとに全ての労働条件を雇用契約書で個別管理すると、とても煩雑になります。そのため、就業規則があれば、手間が省けるという利点があります。

特に懲戒処分を行う際には、懲戒の種類と理由を雇用契約書または就業規則に記載することが必要です。記載されていないと、解雇や減給等の懲戒処分をすることができません。懲戒の種類と理由は、就業規則に記載されることが通例であり、懲戒処分を行う前提として就業規則が必

要となることが多いのが実情です。

　就業規則がない場合、労働条件を変更する度に全従業員から個別に同意を得る必要がありますが、就業規則があれば、就業規則に記載した労働条件については、就業規則の変更が合理的であれば、従業員の同意なしに労働条件を変更することができます。さらに、各種助成金支給の前提として、就業規則の作成が必要になる場合もあります。

　以上の通り、従業員10名未満の企業でも、就業規則を作成するメリットはあるといえます。

3. 就業規則の作成義務

　前述の通り、「常時10人以上の労働者を使用する使用者」は、就業規則を作成する義務があります。就業規則の作成義務者が就業規則を作成していなかったり、労働基準監督署に就業規則を提出していなかったりした場合、30万円以下の罰金を科されます（労働基準法第120条1号）。

　そこで、「常時10人以上の労働者を使用する使用者」の意味が問題となります。

　この「常時」とは、常態として10人以上雇用するという意味であり、忙しいときだけ10人以上雇用している場合、「常時」とはいえません。

　「労働者」とは、正社員だけでなく、パートタイム労働者、契約社員、嘱託社員も含まれます。

　「10人以上の労働者」を雇用しているかどうかは、会社単位ではなく、事業場単位で判断されます。そのため、例えば会社全体で従業員が500人、店舗が100店舗以上ある飲食店であっても、各店舗がそれぞれ10人未満で運営されている場合、法律上、就業規則を作成する義務はありません。

4. 就業規則の記載事項

　法律で定められた就業規則の記載事項は、以下の①〜⑩の 10 項目です（労働基準法第 89 条各号）。特に、変形労働時間制やフレックスタイム制を採用する場合、①に該当し、就業規則に記載する必要があることに注意が必要です。

① 　始業及び終業の時刻、休憩時間、休日、休暇並びに労働者を 2 組以上に分けて交替に就業させる場合においては就業時転換に関する事項

② 　賃金（臨時の賃金等を除く。以下この号において同じ）の決定、計算及び支払の方法、賃金の締切り及び支払の時期並びに昇給に関する事項

③ 　退職に関する事項（解雇の事由を含む）
　　退職手当の定めをする場合においては、適用される労働者の範囲、退職手当の決定、計算及び支払の方法並びに退職手当の支払の時期に関する事項

④ 　臨時の賃金等（退職手当を除く）及び最低賃金額の定めをする場合においては、これに関する事項

⑤ 　労働者に食費、作業用品その他の負担をさせる定めをする場合においては、これに関する事項

⑥ 　安全及び衛生に関する定めをする場合においては、これに関する事項

⑦ 　職業訓練に関する定めをする場合においては、これに関する事項

⑧ 　災害補償及び業務外の傷病扶助に関する定めをする場合においては、これに関する事項

⑨ 　表彰及び制裁の定めをする場合においては、その種類及び程度に関する事項

⑩ 　①〜⑨に掲げるもののほか、当該事業場の労働者の全てに適用される定めをする場合においては、これに関する事項

5. 就業規則に何を書いても有効なのか

　先ほど、就業規則に記載した内容は、雇用契約の内容になるという解説をしました。しかし、就業規則に何を書いても雇用契約の内容になるかというと、そうではありません。

　就業規則の記載内容が効力を認められるためには、少なくとも以下の4つの条件を満たす必要があります。

(1)　労働基準法等の強行法規に違反しないこと

　例えば、一律に残業代を支払わないという内容の就業規則は、労働基準法第37条1項に反して無効となります。例えば、遅刻した場合、罰金として1万円を支払わなければならないという内容の就業規則も、労働基準法第16条に反して無効となります。

　このように、法律（強行法規）に違反する内容を就業規則に記載しても無効となるため、契約の内容にはなりません。

(2)　労働協約に違反しないこと

　労働協約とは、労働組合と使用者またはその団体との間の労働条件その他に関する協定であって、書面に作成し、両当事者が署名し、または記名押印したものです（労働組合法第14条）。労働協約に反する就業規則も無効となります。

(3)　就業規則の内容が合理的であること

　労働契約法第7条本文により、就業規則には合理的な労働条件が定められている必要があります。この合理性は、企業の人事管理上の必要性があり、労働者の権利や利益を不相当に制限されていなければ認められます。そもそも、権利が不相当に制限されている場合、**(1)** の労働基

準法等の強行法規違反を理由に無効とされることが多いと思われます。

　そのため、不合理であることを理由に無効とされる場面は少ないでしょう。例えば、理由や期間を限定せずに、自宅待機中の賃金を平均賃金の6割と就業規則に定めた場合、合理性が否定される可能性があります。

(4)　就業規則より有利な合意を締結していないこと
　（労働契約法第7条ただし書）

　企業と従業員間で就業規則よりも有利な労働条件を合意していた場合、その部分については就業規則の効力は生じません（労働契約法第7条ただし書）。例えば、個別の雇用契約書で通勤手当の上限を2万円と合意しているのに、就業規則に上限1万円と記載しても、この部分について就業規則の効力は生じません。この場合、個別合意が優先的に適用され、通勤手当の上限は2万円となります。

6.　就業規則の作成と変更手続

　常時10人以上の労働者を使用する使用者は、作成・変更した就業規則について、労働基準法上、①過半数代表者からの意見聴取、②労働基準監督署長への届出、③従業員に対する周知を義務付けられています（労働基準法第90条、第89条及び第106条1項）。ここでは、上記①の意見聴取と③の周知について解説します。

(1)　過半数代表者等からの意見聴取

　労働基準法では、就業規則の作成または変更について、従業員の過半数で組織する労働組合または従業員の過半数代表者の意見を聴かなければならないとされています（労働基準法第90条）。「意見を聴く」とされているため、法律上、協議や同意は不要です。仮に、過半数労働組合ま

たは従業員代表者が反対しても、意見を聴いていないことにはなりません。

　従業員の過半数で組織する労働組合がない場合、従業員代表者の意見を聴く必要があります。この従業員代表者は、事業場ごとに、従業員全員が参加できる投票または挙手等の方法で選ぶ必要があります。なお、会社が従業員代表者を指定することはできません（労働基準法施行規則第6条の2第1項2号）。管理監督者は従業員代表者になることができない点にも注意が必要です（労働基準法施行規則第6条の2第1項1号）。従業員代表者を選ぶ投票の方法は、書面に限定されるものではありません。例えば、就業規則に意見を述べる代表者を選出することを明らかにした上で、メールで代表者を選出することも可能です。

　事業場の全ての従業員が参加できる投票等の方法で選ぶ必要があるため、パートタイム労働者、契約社員等も含めた全従業員の過半数の賛成が必要です。

　在宅勤務者のみに適用される就業規則について意見聴取を行う過半数代表者を選出する場合も、在宅勤務の対象とならない者も含む全従業員の過半数の賛成が必要です。投票の結果、在宅勤務の対象とならない者が代表者となることも考えられます。この場合、在宅勤務の対象とならない者から在宅勤務者のみに適用される就業規則について意見を聴くことになります。

(2)　従業員に対する周知

　作成・変更した就業規則については、意見聴取や届出をした上で、その内容を全従業員に以下の3つのいずれかの方法で周知する（知らせる）必要があります（労働基準法施行規則第52条の2）。

①　常時各作業場の見やすい場所へ掲示し、または備え付けること。

②　書面を労働者に交付すること。

③　磁気テープ、磁気ディスクその他これらに準ずる物に記録し、か
　　つ、各作業場に労働者が当該記録の内容を常時確認できる機器を設
　　置すること。

7. 就業規則の手続上の有効要件

　前述の通り、常時 10 人以上の労働者を使用する使用者は、労働基準
法上、就業規則について、①過半数代表者からの意見聴取、②労働基準
監督署長への届出、③従業員に対する周知が必要とされています（労働
基準法第 90 条、第 89 条及び第 106 条 1 項）。これらは労働基準法上の義
務であるため、違反すると罰則が科されます（労働基準法第 120 条 1 号）。

　労働基準法上の義務とは別に、意見聴取、届出、周知の全部または一
部を行っていない場合、就業規則として有効なのか（雇用契約の内容に
なるのか）という問題があります。この点については、労働契約法第 7
条で「周知」が必要とされているため、従業員に知らせる手続がとられ
ていない場合、たとえ意見聴取や届出がされていても、就業規則として
の効力は否定されます。

　他方、意見聴取や届出がされていなくても、「周知」がされていた場合、
就業規則は有効になります。つまり、「周知」は、就業規則が有効とな
る条件であるといえます。

　この就業規則の有効要件としての「周知」の意味は、以下のように考
えられています（東京地判平成 29 年 5 月 15 日）。

①　実質的にみて事業場の労働者集団に対して当該就業規則の内容を
　　知りうる状態に置いていたことが必要で、かつそれで足りる
②　労働基準法施行規則第 52 条の 2 に列挙した方法に限定されるも
　　のではない
③　個々の労働者が実際に就業規則の内容を知らなくてもよい

つまり、従業員が実際に知らなくても、いつでも知ることができる状態であれば「周知」されていたことになり、就業規則として有効であるといえます。

　例えば、背表紙に「就業規則」と明示されたファイルが従業員が日常的に業務上使用する書類と同じ棚に入っていた事案で、「周知」されていたと判断した裁判例があります（東京地判平成 29 年 5 月 15 日）。

　他方、同じように就業規則のファイルが棚に入っていたとしても、就業規則と分かるようなシールがファイルに貼られていないケースでは、従業員が就業規則を知ろうと思えばいつでも知り得る状態にあったとはいえないため、周知性が否定されると考えられます（甲府地判平成 29 年 3 月 14 日）。

8. 就業規則の不利益変更

(1) 労働契約法第 10 条本文

　労働者にとって不利益な変更をすることは、労働者との個別合意がなければ、原則としてできません。例外的に、変更後の就業規則を労働者に周知させ、かつ、就業規則の変更が合理的なものであるときは、変更後の就業規則が労働契約の内容になります（労働契約法第 9 条、第 10 条本文）。

　この合理性については、以下の 5 つの要素を考慮して判断されます（労働契約法第 10 条本文）。

▶ 労働者の受ける不利益の程度
▶ 労働条件の変更の必要性
▶ 変更後の就業規則の内容の相当性

> ▶ 労働組合等との交渉の状況
> ▶ その他の就業規則の変更に係る事情

(2) 合理性の判断

　ここからは、過去の最高裁判決に基づき、合理性がどのように判断されてきたかを解説します。

　まず、「賃金、退職金など労働者にとって重要な権利、労働条件」に関する不利益変更については、高度の必要性に基づいた合理的な内容のものでなければなりません（大曲市農協事件・最判昭和 63 年 2 月 16 日）。

　この「高度の必要性」の意味ですが、経営危機の状態や赤字決算、あるいは、当該変更をしないと雇用を確保することができないなどといった極度に高い変更の必要性が要求されるわけではありません。過去の最高裁判決でも、合併に伴う労働条件の統一（大曲市農協事件・最判昭和 63 年 2 月 16 日）、高齢化に対応するための経営効率及び収益力の改善（第四銀行事件・最判平成 9 年 2 月 28 日）について、高度の必要性が認められました。

　「高度の必要性」さえあれば、どのような不利益変更でも可能なのかという問題もあります。この点については、「高度の必要性」があれば、どのような不利益変更でも可能であるとは考えられていません。

　例えば、地方銀行が 55 歳以上の従業員の賃金を約 3 割削減した事案で、最高裁判所は、行員の高齢化が進みつつあり、他の地方銀行と比べて 55 歳以上の行員の割合が大きく、賃金水準が高いことなどを指摘し、高度の必要性を認めましたが、合理性を否定しました（みちのく銀行事件・最判平成 12 年 9 月 7 日）。賃金を 3 割削減するというような極めて大きな不利益が生じる事案では、極めて高度の必要性が要求されると考えることができます。逆に言えば、倒産を回避するためというような極めて

高度な必要性が認められる場合、極めて大きな不利益が生じる事案でも合理性が肯定されることもあります。例えば、倒産を回避するために銀行の再建計画を実行する以外に選択肢がなく、退職金の5割を削減した事案では、合理性が認められています（日刊工業新聞社事件・東京高判平成20年2月13日）。

このように、全ての不利益変更について、高度な必要性が要求されるわけではありません。全体的に見れば、不利益な点ばかりではなく、内容の相当性も認められるような場合などには、当該不利益性に応じた必要性があれば、合理性が肯定されます。例えば、週休2日制の導入に伴い平日の勤務時間を延長した就業規則の変更について、高度の必要性は不要とされています（羽後銀行事件・最判平成12年9月12日）。

労働組合等の交渉の状況についても考慮されます。ただし、最高裁判決では、55歳以上の従業員の賃金削減について、従業員の約73％が加入する労働組合が賛成したにもかかわらず、代償措置が不十分であることなどを理由に無効と判断しました（みちのく銀行事件・最判平成12年9月7日）。一部の従業員に対して不利益が集中しているときは、過半数の従業員が加入する労働組合が賛成しただけでは、直ちに合理性ありと判断されるわけではないということです。

2 テレワーク導入のための就業規則の留意点

1. 法律上、就業規則が必要な場合

　まず前提として、テレワークを命令するために、就業規則に根拠規定を定める必要があるのでしょうか。この点については、争いがあります。

　テレワークは勤務場所の決定の問題であるため、就業規則に個別の根拠規定を定めるのは不要であると考えます。ただし、トラブルとなるのを避けるために、「テレワークを命じることがある」旨の規定を就業規則に記載した方がよいでしょう。

　テレワークを導入するに際して、労働基準法第89条各号に定める事項を変更する場合、法律上、テレワークに関する就業規則の作成または既存の就業規則の変更が必要です。具体的には、以下のような場面が想定されます。

> ▶ テレワーク勤務について、始業時刻、終業時刻、休憩時間、休暇を変更する場合
> ▶ テレワーク勤務について、変形労働時間制やフレックスタイム制を導入するが、既存の就業規則に変形労働時間制やフレックスタイム制の記載がない場合
> ▶ 既存の就業規則に変形労働時間制やフレックスタイム制の記載があるが、テレワーク勤務についてその適用を排除する場合
> ▶ テレワークを推進するために、テレワーク勤務者に対してテレワーク手当を支給する場合
> ▶ 従業員にパソコン等の通信費を負担させる場合

2. 法律上、必要がない場面での就業規則の活用

　筆者は、法律上、就業規則を作成する必要がない場合も、テレワークを制度化するには、就業規則の作成が必要であると考えます。

　特に、ワークライフバランスのためにテレワーク（特に在宅勤務）を導入する場合、対象者について就業規則に一定のルールを定め、公平な運用をするべきです。そうでなければ、なぜ自分だけテレワークの対象とならないのかという不満が生じる可能性があるからです。明確な要件を記載することは困難だとしても、どのような事項が考慮されるかについては、就業規則に記載すべきです。例えば、職種、育児介護の状況、勤続年数等を考慮することが考えられます。

　また、既存の就業規則はテレワークを想定しておらず、テレワーク勤務の特殊性に着目した服務規律も必要です。特に、情報セキュリティの確保の観点から、テレワーク機器として利用を認める範囲、自宅勤務以外の勤務を認めるかどうかの検討、テレワーク端末の使用場所、不正アクセス防止のための具体的な措置等について、一定のルールが必要です。この情報セキュリュティの確保は、感染症対策等で緊急避難的に行う場合にも必須となります。

3. 「テレワークに関する就業規則」と一般の就業規則

　テレワークに関する規定を一般の就業規則に追記するという方法も考えられます。しかし、本書では分かりやすさを重視して、一般の就業規則とは別に、テレワークに関する就業規則の作成をお勧めします。

　さらに、在宅勤務やサテライトオフィス勤務、モバイル勤務は、それぞれ性質が異なるため、就業規則も分けて作成することにします。

4. 個別の同意と労働条件の明示

　テレワークを導入する場合、就業規則の記載とは別に、個別に書面等で同意を得る必要があるかという問題があります。

(1) 既存の従業員の場合

　前述した通り、テレワーク導入に関して既存の従業員との個別の同意は不要です。そのため、法律上、同意書等の提出は不要です。なお、業務上の必要性が認められないのにテレワークに従事するよう業務命令をした場合、その業務命令は権利濫用として無効となります。

(2) 新規採用者の場合

　新規採用者に就労の開始時にテレワークを行わせる場合には、雇用契約書（労働条件通知書）に就業の場所としてテレワークを行う場所を明示しなければなりません（労働基準法第15条、労働基準法施行規則第5条1項1の3号）。例えば、4月1日入社の従業員に4月1日から自宅で仕事をしてもらうような場合です。

　また、法律上の義務ではありませんが、希望者以外に在宅勤務を命じる可能性がある場合、従業員に一定の負担を課すことになるため、業務命令として自宅を就業場所とする可能性があることを雇用契約書（労働条件通知書）に明記することが望ましいといえます。例えば、4月1日入社の従業員に4月1日からオフィスで仕事をしてもらい、将来的には自宅で勤務を命じる可能性がある、というような場合です。

　感染症対策等で新入社員に在宅勤務を命令する可能性がある企業は、業務命令として自宅を就業場所とする可能性があることを雇用契約書（労働条件通知書）に明記することが望ましいといえます。

5. テレワーク導入の手順

テレワークの導入については、以下の手順で行うことが適切です。

---
(1) まずは試験的にテレワークを導入する

いきなりテレワークを制度化するのではなく、トライアル期間を設け、試験的にテレワークを実施します。テレワークを行う目的を明確にした上で、対象者やトライアル期間中の対象業務について検討します。

なお、トライアル期間の段階で就業規則を作成する場合は、注意が必要です。トライアル期間の段階で就業規則を作成した場合、就業規則により採用したテレワーク（特に在宅勤務）を廃止することは不利益変更に当たる可能性があり、合理性が必要です。仮に、トライアル期間の段階で就業規則を作成するのであれば、制度として固定化する趣旨ではないことを明確にするため、期間を設定するとともに、トライアル期間終了後に業務への支障の有無や程度に応じて改廃する旨を記載すべきです。

---
(2) トライアル期間は3か月〜1年程度が適切

トライアル期間は、3か月〜1年程度が適切です。問題がないかを検証するのが目的であるため、問題点等を洗い出すために、テレワークに従事したことにより支障が生じていないかどうかの報告を求めます。

テレワークには、一定期間の「慣れ」が必要であることも分かっています。

公益財団法人日本生産性本部が令和2年5月に行った調査によれば、自宅での勤務で効率が上がったかという質問に対して、「効率が上がった」7.2％、「やや上がった」26.6％と、効率アップを実感したのは3割強、逆に「やや下がった」41.4％、「効率は下がった」24.8％と、6割

強が自宅での勤務で期待通りの成果を挙げていないことを示唆していました（公益財団法人　日本生産性本部「第1回　働く人の意識に関する調査　調査結果レポート」令和2年）。

　従業員に対する意識調査からそのまま生産性が高い／低いという結論が導き出せるわけではありませんが、その約2か月後の令和2年7月に同法人が行った調査（公益財団法人　日本生産性本部「第2回　働く人の意識に関する調査　調査結果レポート」令和2年）によれば、「効率が上がった」9.9％、「やや上がった」40.1％という結果になり、合わせて50.0％が効率が上がったとしています。実際に効率が上がったかどうかはさておき、従業員側の意識としてテレワークに慣れる期間が必要であることが分かります。

　テレワークを導入するかどうかは、中長期的な働き方の問題です。慣れていない段階で、早急にテレワーク導入の可否を従業員に確認しても適切な答えは導き出せないでしょう。特に、既存の体制に慣れている中間管理職は、テレワークに反対する傾向があるという指摘もあり、じっくり時間をかけてテレワークのメリット・デメリットを理解してもらう必要があります。

(3)　問題点の検証と啓発を行う

　トライアル期間中に生じた問題点を検証し、テレワークを導入すべきかを検討します。

　導入する場合は、対象者、対象業務、日数、費用負担等を決定し、テレワーク用の就業規則を制定します。さらに、社内のセミナーなどを活用した情報発信やワークショップの開催による普及啓発活動等を行い、テレワークについて労使間で認識を共有します。

(4) 感染症対策目的で就業規則を作成する場合の留意点

　新型コロナウイルス感染症対策で就業規則を作成する場合、暫定措置であることを確認するため、就業規則に有効期間を設けることも考えられます。しかし、新型コロナウイルス以外の感染症の場合にも活用することが考えられるため、有効期間を設ける必要はないというのが本書の見解です（第Ⅲ章2「緊急時在宅勤務就業規則例」を参照）。もちろん、この場合も定期的な見直しは必要です。

　次章からは、在宅勤務、緊急時在宅勤務、サテライトオフィス勤務、モバイル勤務を導入する場合における就業規則の例をもとに、条文ごとのポイントを解説していきます。就業規則を作成・変更する際の参考となれば幸いです。

第Ⅲ章

就業規則例

1 在宅勤務就業規則例

第1章　総　則

（目的）
第1条　この規則（以下「本規則」という）は、○○株式会社（以下「会社」という）の従業員が在宅で勤務する場合の必要な事項について定めたものである。

2　本規則に定めがない事項については、就業規則に定める。

テレワークを大別すると、「在宅勤務」「サテライトオフィス勤務」「モバイル勤務」の3種類があります。第1条は、在宅勤務者を対象とする就業規則であることを明らかにしたものです。この点を明確にしていないと、自宅以外の喫茶店などで仕事をしてしまい、情報漏洩などのリスクに晒されることになります。

（本規則の適用範囲）
第2条　本規則の適用対象となる在宅勤務者とは、第4条の手続に従い、会社から在宅勤務を許可された従業員をいう。

1 在宅勤務者の定義（第2条）

第2条は、在宅勤務就業規則の適用対象となる在宅勤務者の定義規定を記載したものです。

本規則は、在宅勤務を許可制にしています。在宅勤務就業規則に定める手続を経て会社が許可した者以外は、在宅勤務を認めないという趣旨

で、会社の許可を定義規定に盛り込みました。

2 正社員以外の従業員を対象とするか

　制度として在宅勤務を導入する場合、パートタイム労働者や契約社員を在宅勤務の対象者に含めるかどうかが問題となります。

　まず、短時間労働者及び有期雇用労働者の雇用管理の改善等に関する法律第8条（以下、「パート有期法」といいます）では、以下の通り定めています。

【パート有期法】

（不合理な待遇の禁止）

　第8条　事業主は、その雇用する短時間・有期雇用労働者の基本給、賞与その他の待遇のそれぞれについて、当該待遇に対応する通常の労働者の待遇との間において、当該短時間・有期雇用労働者及び通常の労働者の業務の内容及び当該業務に伴う責任の程度（以下「職務の内容」という。）、当該職務の内容及び配置の変更の範囲その他の事情のうち、当該待遇の性質及び当該待遇を行う目的に照らして適切と認められるものを考慮して、不合理と認められる相違を設けてはならない。

　パート有期法第8条が禁止しているのは、「基本給、賞与その他の待遇」についての不合理な差別です。「その他の待遇」とは、賃金や労働時間等の狭義の労働条件のみならず、労働契約の内容となっている災害補償、服務規律、教育訓練、付随義務、福利厚生など、労働者に対する一切の待遇を包含するものと考えられます（平成24年8月10日付基発0810第2号）。在宅勤務を就業規則に定める以上、労働契約の内容といえるため、パート有期法第8条が適用されます。そのため、在宅勤務の性質や目的に照らして、不合理と認められる相違が禁止されることになります。

3 具体的な制度設計

　前記の通り、在宅勤務についてパート有期法が適用されるとした場合、どのようなときに在宅勤務の待遇格差について不合理と判断されるのでしょうか。

　まず、人材の採用や定着を目的とする在宅勤務について検討しましょう。本書の執筆時点では、在宅勤務等のテレワークに関する待遇格差について判断した裁判例はありません。在宅勤務と同様に人材の採用や定着を目的とする制度として、病気休暇や休職制度があります。病気休暇や休職制度の待遇格差について判断した日本郵便（東京）事件・最判令和2年10月15日は、「<u>私傷病による病気休暇の日数につき相違を設けることはともかく、これを有給とするか無給とするかにつき労働条件の相違があることは、不合理である</u>と評価することができるものといえる」と判断しました。

　同様に、病気休暇の待遇格差について判断した日本郵便（大阪）事件・大阪高判平成31年1月24日は、「長期雇用を前提とする正社員と原則として短期雇用を前提とする本件契約社員との間で、病気休暇について異なる制度や運用を採用すること自体は、相応の合理性があるというべきであり、一審被告における本件契約社員と本件比較対象正社員との間で病気休暇の期間やその間有給とするか否かについての相違が存在することは、直ちに不合理であると評価することはできない。

　もっとも、（中略）契約期間を通算した期間が既に5年を超えているから、前記病気休暇の期間及びその間の有給・無給の相違を設けることは、不合理というべきである」と判断しました。

　上記の最高裁判決等を踏まえると、人材の採用や定着を目的とした在宅勤務について、例えば、パートタイム労働者や契約社員であるという理由だけで、一切、在宅勤務を認めないという制度設計にした場合は不合理と評価される可能性があります。ガイドラインでも、「テレワーク

の対象者を選定するに当たっては、正規雇用労働者、非正規雇用労働者といった雇用形態の違いのみを理由としてテレワーク対象者から除外することのないよう留意する必要がある」と明記されています（ガイドライン・3頁）。人材の採用や定着を目的とする在宅勤務については、パート有期法を踏まえると、以下の①〜③のいずれかの制度設計が考えられます。なお、いずれの場合も、所定勤務日数が一定以上の者のみを在宅勤務の対象とし、その結果、パートタイム労働者や契約社員に待遇格差が生じたとしても問題はないと考えます。

---

① 原則として、正社員とパートタイム労働者・契約社員との間で差を設けない。

② パートタイム労働者・契約社員の在宅勤務を認めるが、付与日数に違いを設ける（日本郵便（東京）事件・最判令和2年10月15日）。

③ 契約社員については、契約期間が5年を超えている者を在宅勤務の対象とする（日本郵便（大阪）事件・大阪高判平成31年1月24日）。

　平成26年に行われた調査によれば、パートタイム労働者や契約社員を在宅勤務の対象としている企業は、終日在宅勤務で4％、1日の一部在宅勤務で6.7％であり、実際にはほとんど導入されていません（調査・15頁）。しかし、パートタイム労働者や契約社員であるという理由だけで、一切、在宅勤務を認めないという制度設計は、パート有期法により、今後、違法と判断される可能性があります。

- -

（規則の遵守）

第3条 従業員は、本規則を守り、在宅勤務に従事しなければならない。

　第3条は、在宅勤務の就業規則が労働契約の内容になるため、従業員が在宅勤務を行う場合、本規則を守らなければならないことを確認の意味で記載しています。

- -

第2章　在宅勤務の許可、勤務場所、服務規律

●一定の条件を満たした希望者に認めるパターン

（在宅勤務の対象者）

第4条　次の各号の条件を全て満たし在宅勤務を希望する者は、在宅勤務の申請をすることができる。

① 以下のいずれかに該当する者

　ア　正社員のうち勤続1年以上の者または年間の所定労働日数が217日以上の無期パートタイム労働者のうち勤続1年以上の者

　イ　定年後再雇用者

　ウ　年間の所定労働日数が217日以上の契約社員のうち契約期間を通算した期間が5年を超えている者

② 自宅の執務環境、セキュリティ環境、家族の理解のいずれも適正と認められる者

③ 事務職その他情報通信技術を利用して行う業務を主として行う者

④ 直近1年間、本規則を含む服務規律違反がない者

2　前項各号の条件を全て満たし在宅勤務を希望する者は、在宅勤務開始希望日の1か月前までに、所定の許可申請書及び誓約書その他会社が指示する書類を提出した上で、1週間前までに所属長から許可を受けなければならない。なお申請は、原則として1週間単位とする。

3　前項の規定にかかわらず、2回目以降の申請については、1週間
（起算日を月曜日とする）の最初の営業日の終業時刻までに翌週
月曜日から金曜日までの在宅勤務予定表を電子メールで所属長に
申請し、金曜日の正午までに翌週の月曜日から金曜日までの在宅
勤務について所属長から許可を受けなければならない。

4　会社は、第1項各号のいずれにも適合している者が本条に定め
る手続に従い申請したとき、許可時点で第1項各号の要件を満た
し、当該申請者に在宅勤務を認めても業務上及び労務管理上支障
がないと判断した場合、在宅勤務を許可することができる。会社
は、業務上必要と判断したとき、従業員から申請された日と別の
日を在宅勤務日として指定することがある。

5　前項で許可された勤務日以外の在宅勤務は認めない。

6　会社は、業務上その他の事由により、第4項による在宅勤務の
許可を取り消し又は在宅勤務日を変更することができる。

7　前各項の規定にかかわらず、会社は、業務上必要と判断したと
き、従業員に対して在宅勤務を命じることができる。

1 在宅勤務の対象者を決めるのは会社の裁量

「使用者は業務上の必要に応じ、その裁量により労働者の勤務場所を
決定すること」ができます（東亜ペイント事件・最判昭和61年7月14日）。

在宅勤務は、勤務場所の決定の問題です。そのため、法律上、在宅勤
務を全く認めないことも可能であり、認める場合であっても、どのよう
な者に在宅勤務を認めるかは、基本的に会社の裁量です。

在宅勤務の対象者を就業規則にどのくらい具体的に記載するかについ
ても、会社の裁量です。例えば、「会社は、在宅勤務を希望する者が申
請したとき、業務上及び労務管理上支障がないと判断した場合、在宅勤
務を許可することがある。」というような抽象的な規定も可能です。

　法律上は、会社の裁量だとしても、人材の採用や定着を促進するという観点から在宅勤務を導入するのであれば、希望者にとって利用しやすい制度にすることが重要です。そこで、本条では在宅勤務の対象者を具体的に記載しています。

2 希望者を対象とする（第４条１項）

　１項は、一定の要件を満たした希望者が在宅勤務を申請できることを記載したものです。１項の各号に記載された条件に適合していることが、在宅勤務の最低限の条件となります。

　1で述べた通り、在宅勤務の対象者を決めるのは会社の裁量です。そのため、１項の各号は例示であり、会社の実情に応じて条件を設定することができます。例えば、厚生労働省のモデル就業規則では、「(1)在宅勤務を希望する者　(2)自宅の執務環境、セキュリティ環境、家族の理解のいずれも適正と認められる者」を最低限の条件としています（モデル就業規則・７頁）。

　本就業規則は、人材の採用や定着、時間や場所を有効に活用できる柔軟な働き方を通した生産性向上を主な目的として在宅勤務を導入することを想定しています。希望しない者に対して在宅勤務を強制すると逆効果になるため、一定の条件を満たした希望者が対象となります。希望者を対象としており、希望しない者に対して新たに不利益を課すものではないため、就業規則の不利益変更には該当せず、変更内容の合理性の要件は問題になりません。

　なお、感染症対策で在宅勤務を行う場合は、希望者に限定すべきではなく、業務命令として会社の責任として行うべきです。業務命令として会社の責任で行う場合、第４条７項に基づき業務命令として行うべきです。

　なお、感染症対策で業務命令として在宅勤務を指示する場合の労働条

件等については、本章の2「緊急時在宅勤務就業規則例」で解説しています。

3 一定期間の勤続年数を条件とする（第4条1項1号）

　在宅勤務の弊害として、労働時間や業務遂行の管理が困難となり、コミュニケーションにも支障が出ることなどが指摘されています。通常、入社して間もない社員が、労働時間や業務遂行を自律的に行うことは困難であると考えられます。

　本規定例では1年以上としましたが、これは例示であり、「2年」「3年」など、1年を超える期間でも問題ありません。正社員と同等の労働日数を求める観点から、年間の所定労働日数が「217日以上」の無期パートタイム労働者も在宅勤務の対象者としています。

4 契約期間が通算5年以上の契約社員については対象とする（第4条1項1号ウ）

　パート有期法との関係で、パートタイム労働者や契約社員についても在宅勤務を認めた方が違法と判断されるリスクが少ないというのが、本書の見解です。法律上、有期労働契約が更新されて通算5年を超えたときは、労働者の申し込みにより、期間の定めのない労働契約（無期労働契約）に転換できることを考慮し、契約期間が通算5年以上の契約社員については、在宅勤務の対象としました（日本郵便（大阪）事件・大阪高判平成31年1月24日）。正社員と同等の労働日数を求める観点から、年間の所定労働日数が「217日以上」の契約社員を対象としています。

　上記以外にも、勤続1年以上のパートタイム労働者及び契約社員について、正社員より少ない在宅勤務日数を付与するという選択肢も考えられます（日本郵便（東京）事件・最判令和2年10月15日）。

5 自宅の執務環境、セキュリティ環境、家族の理解のいずれも適正と認められる者（第4条1項2号）

　本規定例は、モデル就業規則に準じています。いずれも在宅勤務を行うにあたって、最低限必要な事項です。単に規定に記載するだけではなく、同趣旨の規定を誓約書等にも記載すべきです。

　執務環境について、机・椅子・照明・空調設備などは最低限必要と考えられます。また、家族の理解については、同居の家族から同意書を取得するという運用も考えられます。

6 職種等を限定する（第4条1項3号）

　在宅勤務を行うことが物理的に不可能な業種や、不可能でなくても作業効率が落ちる職種が考えられます。

　ここでは、「事務職その他情報通信技術を利用して行う業務を主として行う者」としましたが、部門を指定するという選択肢もあります。就業規則に記載することで、ルールとして分かりやすくなります。

　生産性向上のために在宅勤務を導入するのであれば、一定の裁量を認めた方が成果につながる業務に限定することも考えられます。

7 服務規律違反がない者を対象とする（第4条1項4号）

　在宅勤務の課題として、業務遂行の管理が困難という点が挙げられます。在宅勤務を適切に行うためには、従業員が業務遂行をある程度自律的に行えることが前提となります。例えば、遅刻・欠勤を繰り返す者や上司の指示に従わない者に在宅勤務を認めるべきではありません。

8 初回の申請の際には、申請許可書や誓約書等の提出を求める（第4条2項）

　2項は、初回の申請に際して、申請期限、提出書類、許可権者、許可

期限を明らかにしたものです。初回の申請に際しては、自宅の住所地の申請や最低限守らなければならないルールを明確にするために、誓約書の提出を求めるべきです。

　ここでは、初回の申請の期限を在宅勤務の開始希望日の「1か月前」までとしていますが、会社の実情に応じて「2週間前」「1週間前」と定めることもできます。

　また、申請についても「1週間単位」としていますが、会社の実情に応じて「2週間単位」「3週間単位」とすることもできます。

⑨ 2回目以降の申請の際には、手続を簡略化する（第4条3項）

　3項は、2回目以降の申請に際して、申請期限、許可権者、申請手続を明らかにしたものです。

　在宅勤務の利用を促進する観点から、2回目以降の手続をメール等で簡略化し、1週間（起算日を月曜日とする）の最初の営業日の終業時刻までに翌週月曜日から金曜日までの在宅勤務予定表を所属長に提出するという流れにしました。もちろん、書面で申請するというルールにしても良いですし、「1か月前」「2週間前」に申請するとしても良いでしょう。ただし、必要以上に手続を厳格にすると、在宅勤務の利用が困難になるため、注意が必要です。

⑩ 業務上及び労務管理上支障がない場合に許可する旨の規定
　（第4条4項）

　4項では、1項の条件に加えて、業務上及び労務管理上支障がないことを許可の条件としています。

　なぜなら、1項の要件を全て満たした場合であっても、在宅勤務を認めることは適切でない場合があるからです。

　例えば、①特定の日に在宅勤務の希望者が集中したとき、②特定の業

務において申請時に在宅勤務を認めると業務効率が落ちるとき、③在宅勤務を申請した者が現在進行中のプロジェクトの責任者であるなどオフィスに常駐しなければ不都合であるとき、④引継ぎが完了していない退職（予定）者などが考えられます。

このような場面や時期では、形式的に在宅勤務の条件を満たしていても、業務上不都合であることを理由に在宅勤務を不許可とすることにしています。

11 会社が許可した勤務日以外の在宅勤務は認めない旨の規定（第4条5項）

5項では、会社が許可した勤務日以外の在宅勤務は認めない旨を記載しています。本規則は、従業員が好きな日に在宅勤務することを認めるものではなく、許可制です。

12 事情変更による許可後の変更や取り消しを行う旨の規定（第4条6項）

6項では、許可を出した後の事情変更により、在宅勤務を認めることが適切でなくなった場合、許可の取り消しや変更ができる旨を記載しています。

例えば、①許可後に急病による欠勤等により人手が不足し、在宅勤務者にオフィスで勤務してもらう必要が生じた場合、②許可後に面談や会議の日程が決まったため、在宅勤務者に出社の必要が生じた場合、③許可後に在宅勤務者に服務規律違反が判明し在宅勤務を継続することが不適切な場合などです。

13 希望者以外にも在宅勤務を命じる旨の規定（第4条7項）

7項では、本条の要件を具備しない者に対しても、業務上必要な場合、

在宅勤務を命じることができる旨を記載しています。災害発生や感染症の流行により、希望者以外に在宅勤務を命じる場面を想定しています。本人の希望によらず在宅勤務命令を出す場合、就業規則の根拠規定や従業員の個別の同意は必要かが問題となります。

　結論としては、業務上の必要性があり、一定期間の在宅勤務を命令する場合、就業規則の根拠規定や従業員の個別の同意は不要であると考えます。

　過去の裁判例では、生徒に対するハラスメントを行った大学講師に対して、約2か月間と期間を限定して、在宅勤務・研修を命ずる業務命令について、権限行使のあり方に関し、広範な裁量が認められること、労働契約の趣旨に沿うものであること等を理由に、個別の同意なしに在宅勤務命令を出しても有効と判断されています（東京地判平成27年6月9日）。

　新型コロナウイルス感染症等は、一か所に集まって仕事をすること自体がリスクになるため、在宅勤務を命じる業務上の必要性があり、従業員の安全にできる限り配慮するという観点から、雇用契約の趣旨に沿うものといえます。そのため、就業規則上の根拠や個別の同意がなくても、新型コロナウイルス感染症等を防ぐために、感染が収束するまでの期間、在宅勤務を命じるのは有効と考えます。

　しかし、この論点については、就業規則の根拠規定や従業員の個別の同意が必要という説も有力です。そのため、紛争を防止する観点から、法的に有効か無効かという議論とは別に、実務上は本規定の7項と同様に、同意をしていない者についても在宅勤務を命じることがある旨を就業規則に記載すべきです。

　では、災害発生や感染症の流行以外の場面で、期間を限定せずに、自宅をオフィスに代わる事務所として、本人の同意なしに在宅勤務を命じることができるのでしょうか。

　結論としては、この場合、本人の同意が必要です。M社事件・大阪高判平成23年12月6日は、会社が大阪事務所を閉鎖するため、京都市内の自宅で在宅勤務をするように命じた事案ですが、「労働者は、特段の事情がない限り、私生活の場である自宅を、勤務先の事務所に代わる就業場所として提供すべき義務を負うことはない」と判断しています。

●妊娠中の従業員または育児介護をしている従業員に限定するパターン

（在宅勤務の対象者）

第4条　次の各号の条件を全て満たし在宅勤務を希望する者は、在宅勤務の申請をすることができる。

①～④（省略）

⑤　妊娠中の従業員、3歳に満たない子を養育する従業員又は要介護状態にある家族を介護する従業員

2～7（省略）

1 在宅勤務の対象者を妊娠中の従業員、育児中の従業員、障害者・高齢者の介護をする従業員とする規定（第4条1項5号）

　在宅勤務の対象者を妊娠中の従業員、育児中の従業員、障害者・高齢者の介護をする従業員とする規定です。

　本規定は、在宅勤務を導入することにより通勤時間を短縮し、妊娠中の従業員、育児、介護を行う従業員が働きやすい環境を整えることを目的としています。1項1号～4号、2項以下は、一定の条件を満たした希望者に認めるパターンと同一の内容のため、記載を省略しています。

　育児中または障害者・高齢者の介護をする従業員については、「育児休業、介護休業等育児又は家族介護を行う労働者の福祉に関する法律」（以下、「育児・介護休業法」といいます）に基づき、休業、休暇、短時間

61

勤務等が認められています。

　本規定で、育児について「3歳に満たない子を養育する従業員」としているのは、育児・介護休業法の所定外労働の制限の申し出ができる従業員と合わせたものです。なお、「満6歳」「満12歳」と規定することも可能です。

2 妊娠中の女性従業員の在宅勤務

　新型コロナウイルス感染症において、厚生労働省は、妊娠中の女性従業員の在宅勤務について、事業主の配慮を義務付ける制度改正を行いました（厚生労働省「妊娠中及び出産後の女性労働者が保健指導又は健康診査に基づく指導事項を守ることができるようにするために事業主が講ずべき措置に関する指針」第2項(4)）。

　この指針によれば、令和2年5月7日から令和4年1月31日までの期間、妊娠中の女性労働者が、母子保健法の保健指導または健康診査に基づき、その作業等における新型コロナウイルス感染症に感染する恐れに関する心理的なストレスが母体または胎児の健康保持に影響があるとして、医師または助産師から指導を受け、それを事業主に申し出た場合には、事業主は、この指導に基づき、作業の制限、在宅勤務または休業等の必要な措置を講じる必要があります。医師等による指導に基づく必要な措置が不明確である場合には、担当の医師等と連絡を取りその判断を求める等により、作業の制限、在宅勤務または休業等の必要な措置を講ずる必要があります。

- -

●上限を一律とするパターン

（在宅勤務日の上限）

第5条　在宅勤務日数は、原則として、1週間につき2日、1か月間につき6日を限度として、会社が定める。

2　前項の1週間の起算日は月曜日、1か月間は1日から末日まで
の期間とする。

1 勤続年数の上限を設定する（第5条1項）

1項は、在宅勤務日数の上限を定めたものです。

在宅勤務については、全勤務日を在宅勤務にするのではなく、勤務日
の一部を在宅勤務とする、いわゆる随時型在宅勤務の会社が多いと思わ
れます。その場合、規定上、在宅勤務の上限日数を明記した方がルール
として分かりやすくなります。

会社の実情に応じて、より多くの日数を付与することも、より少ない
日数を付与することも可能です。筆者としては、最低週1回はオフィ
スに出勤することを求めた方が良いと考えます。

2 1週間、1か月の起算日等（第5条2項）

2項は、1週間、1か月の起算日等を定めるものです。

在宅勤務の上限等を設定する際、1週間、1か月の起算日を決める必
要があります。本規定の起算日はあくまで例示ですので、会社が運用し
やすいように定めましょう。

●妊娠中の従業員または育児介護をしている従業員に特別の配慮をするパ
ターン

（在宅勤務日の上限）

第5条　在宅勤務日数は、原則として、1週間につき2日、1か月間
につき6日を限度として、会社が定める。

2　前項の規定にかかわらず、妊娠中の従業員、3歳に満たない子を
養育する従業員又は要介護状態にある家族を介護する従業員の在
宅勤務日数は、1週間につき4日、1か月間につき16日を限度と

して、会社が定める。

3　前各項の1週間の起算日は月曜日、1か月間は1日から末日までの期間とする。

　この規定は、妊娠中の従業員、3歳に満たない子を養育する従業員または要介護状態にある家族を介護する従業員の在宅勤務の上限日数を増やす規定です。仕事と出産、育児・介護の両立については、その必要性が高いため、これを在宅勤務の上限日数にも反映させる趣旨です。幼児期の育児については、自宅で育児をしながら仕事と両立させるのは難しいため、子どもは保育所に預ける必要があります。育児との両立のために在宅勤務を導入する場合のメリットは、在宅勤務により通勤時間が減り、保育所に子どもの送り迎えをして、自宅で仕事をすることが可能になるということです。在宅勤務と所定労働時間の短縮ないし変更と組み合わせることも検討すべきでしょう。なお、在宅勤務者であることのみを理由に保育の必要性が否定されるわけではないため、在宅勤務者が保育所に子どもを預けることは不可能ではありません。

（勤務場所）

第6条　在宅勤務者の勤務場所である自宅とは、同人が起居寝食など私生活を営む場所であり、かつ、会社が許可した住所地をいう。従業員は、在宅勤務日の所定労働時間中、会社の明示的な指示又は許可がない限り、自宅以外の場所で業務に従事してはならない。

2　会社は、必要に応じて、在宅勤務日であっても、在宅勤務者に対して、事業場への出社その他勤務場所の変更、出張を命じることができ、在宅勤務者はこれに従わなければならない。なお、会社が移動時間中に業務に従事するように指示した場合を除き、移動時間は労働時間に当たらないものとする。

1 在宅勤務者の勤務場所を自宅に限定する（第6条1項）

　1項は、自宅の定義を明らかにした上で、在宅勤務者の勤務場所を自宅に限定する規定です。

　会社が勤務場所を把握・管理するという観点から、生活の本拠であり、かつ、会社が許可した場所を勤務場所としての自宅とします。自宅以外の場所（例えば喫茶店）で勤務することを認めると、執務環境やセキュリティ環境上の問題が生じる可能性がある場合は、本規定と同様に、在宅勤務時に自宅以外の場所で勤務することを禁止すべきです。

2 在宅勤務時の出社・出張命令（第6条2項）

　2項は、在宅勤務日の出社・出張命令を定めたものです。

　会社には、従業員に対する業務命令権があります。そのため、就業規則に記載していなくても、在宅勤務中の従業員に対し、必要に応じてオフィスへの出社や出張を命じることができます。

　労働契約法第3条3項において「労働契約は、労働者及び使用者が仕事と生活の調和にも配慮しつつ締結し、又は変更すべきものとする」とされているため、就業規則に記載していても、労働契約法第3条3項との関係で、在宅勤務者に対する出社命令や出張命令が権利濫用になる可能性はあります。ただし、権利濫用となるのは出社・出張の必要性がない場合などに限定されるでしょう。

3 在宅勤務中の自宅からオフィスまでの移動時間は労働時間に該当するか

　在宅勤務中の自宅からオフィスまでの移動時間は労働時間に該当するかどうかについて、厚生労働省のガイドラインによれば、以下の通りです。

① 　午前中のみ自宅やサテライトオフィスでテレワークを行ったのち、午後からオフィスに出勤する場合など、勤務時間の一部についてテレワークを行う場合（ガイドライン・12頁）

➡労働者による自由利用が保障されている時間については、休憩時間として取り扱うことが考えられる。

② 　テレワーク中の労働者に対して、使用者が具体的な業務のために急きょオフィスへの出勤を求めた場合など、使用者が労働者に対し業務に従事するために必要な就業場所間の移動を命じ、その間の自由利用が保障されていない場合（ガイドライン・12頁）

➡労働時間に該当する。

　①の場合も、移動時間中、会社の指示を受けて書類を作成する場合など、労働者による自由利用が保障されていない場合、労働時間に該当すると考えられます。

　問題となるのは、②の会社が就業時間中に自宅からオフィスまでの移動を命じた場合、移動時間が労働時間に当たるかどうかです。

　厚生労働省のガイドラインによれば、「使用者が労働者に対し業務に従事するために必要な就業場所間の移動を命じ、その間の自由利用が保障されていない場合」、労働時間に該当するという基準が採用されています。重要なのは、前半の「使用者が労働者に対し業務に従事するために必要な就業場所間の移動を命じ」ではなく、後半の「その間の自由利用が保障」されているかどうかです。「自由利用が保障」されていない場合というのは、移動時間中に業務に従事するように明示または黙示に指示されていない場合を意味すると考えられます。

　例えば、移動時間中に、使用者の指示を受けてノートパソコンで書類作成していた場合や作成した書類等の搬送のためにオフィスまで移動する場合などの時間は、労働時間に当たると考えられます。

　次に、移動時間中に、明示または黙示に業務を行うように指示していない場合はどうでしょうか。この場合は、移動時間は労働時間に当たらないと考えます。その理由は以下の通りです。

　第一に、移動時間中に作業をする必要性がない場合、移動時間は労働時間に当たらないからです。阪急トラベルサポート（派遣添乗員・第2）事件・東京高判平成24年3月7日は、添乗員の飛行機での移動時間について、出発後時間と到着前時間などを除く時間帯は労働時間に当たらないと判断しました。添乗員が作業する必要性が皆無に等しく、移動時間は実質的に役務提供の義務付けがない時間帯だからです。この事案では、作業をする必要性がないため、黙示の業務指示も認定されていません。

　第二に、在宅勤務日の自宅からオフィスまでの移動時間については、在宅勤務をしていない日の自宅からオフィスまでの通勤と同様だからです。大阪地判平成29年2月9日は、会議がある日の本部から教室への移動時間について労働時間に当たらないと判断しました。その理由は、従業員が本部から徒歩圏内に居住しており、会議がある日の本部から教室への移動は、会議がない日の自宅から教室への通勤と同視できるからです。

　上記の大阪地判平成29年2月9日と同様に、在宅勤務日の自宅からオフィスまでの移動時間については、在宅勤務をしていない日の自宅からオフィスまでの通勤と同視できます。そして、通勤時間が労働時間に当たらないことについては、争いがありません。そのため、移動時間中に、業務に従事するよう指示をしていない場合、会社が自宅からオフィスまでの移動を命じた場合であっても、その移動時間は労働時間に当たらないと考えられます。

　なお、移動時間を労働時間から差し引くためには、移動時間を申告してもらうなどして、移動時間を把握する必要があります。会社として移

動時間を把握していなければ、実務上、移動時間を労働時間から差し引くことはできません。

以上の議論は、移動時間中に、明示または黙示に業務を行うように指示していない場合、法的には移動時間は労働時間に当たらないという取り扱いが可能であるという趣旨です。法的な議論とは別に、移動時間を労働時間と取り扱うことは可能です。その場合は、どのような条件で移動時間を労働時間と取り扱うかのルールを確立すべきです。

4 在宅勤務中の自宅から営業先までの移動時間は労働時間に該当するか

例えば、午前中だけ自宅やサテライトオフィスで勤務をした後、会社の指示で午後から営業先まで移動する場合など、自宅やサテライトオフィスから営業先までの移動時間は労働時間に該当するのでしょうか。

結論からいえば、前記**3**と同様、移動時間中に、明示または黙示に業務を行うように指示していない場合、移動時間は労働時間に当たらないと考えます。

横河電機事件・東京地判平成6年9月27日では、所定就業時間内における移動時間について、労働拘束性の程度が低いことから、労働時間に当たらないと判断されています。移動時間中に、明示または黙示に業務を行うように指示していない場合、労働拘束性の程度が低いといえるため、労働時間に当たらないと考えられます。

なお、配管工が、事務所から現場まで上司と一緒に車両で移動した時間を労働時間と判断した例がありますが（東京地判平成20年2月22日）、上司と同行しているため、移動時間を自由に過ごすことができないと考えられる事案です。

このように裁判実務上は、移動時間をどのように過ごすかが従業員の自由に任されているか否かを基準に判断されています。明示または黙示

に移動時間中に業務を行うように指示していない場合、上司と同行して移動するなど、自由利用の妨げとなる特段の事情がない限り、在宅勤務中の自宅から営業先までの移動時間は、労働基準法上の労働時間に該当しないと考えられます。

　労働基準法上の労働時間に該当しないとしても、業務のために従業員を拘束することは事実であり、移動時間が長時間に及ぶ場合もあります。そのため、実務上は、移動時間が労働時間でないことを前提に計算して、労働時間が8時間を下回ったとしても、賃金を減額しないという取扱いが妥当と考えられます。

　例えば、所定労働時間が1日8時間の会社で、午前9時〜正午まで自宅で仕事、午後1時〜午後3時まで自宅から営業先に移動、午後3時〜午後4時まで営業先で業務に従事、午後4時〜午後6時まで営業先から自宅に移動、午後6時〜午後8時まで自宅で仕事をした場合、労働時間は6時間となりますが、残りの2時間分について賃金を減額しないという取扱いが妥当です。

（在宅勤務者の服務規律）

第7条　在宅勤務者は就業規則第●条及びセキュリティガイドラインに定めるもののほか、次に定める事項を遵守しなければならない。

① 　在宅勤務の際に所定の手続に従って持ち出した会社の情報及び作成した成果物を第三者が閲覧、コピー等しないよう最大の注意を払うこと。なお、従業員の親族又は同居者も第三者とみなす。

② 　在宅勤務中は業務に専念すること。

③ 　第1号に定める情報及び成果物は紛失、毀損しないように丁寧に取扱い、セキュリティガイドラインに準じた確実な方法で

保管・管理しなければならないこと。

④　在宅勤務中は自宅以外の場所で業務を行ってはならないこと。

⑤　在宅勤務の実施にあたっては、会社情報の取扱いに関し、セキュリティガイドライン及び関連規程類を遵守すること。

⑥　在宅勤務の申請に際して、本規則の手続に従い、虚偽の申告をしないこと。

⑦　在宅勤務に際して、会社が貸与した器具を業務以外の目的で使用しないこと。

1 服務規律とは

　服務規律とは、就業規則に定められた従業員が守らなければならないルールのことです。雇用契約は、「当事者の一方が相手方に対して労働に従事することを約し、相手方がこれに対してその報酬を与えることを約する」契約です（民法第623条）。しかし、従業員が仕事さえしていればそれで良いかといえば、そんなことはありません。そこで、就業規則に従業員として守るべきルールを定める必要があります。

　服務規律は、労務を提供するために守るべきルール（上司の命令に従うこと、欠勤する場合は始業時刻前に上司に申告しなければならない等）を中心に、従業員としての地位・身分に基づくルール（備品の持ち出し禁止等の企業財産の管理・保全のためのルール、競業の禁止等）などを含みます。

　服務規律については、就業規則に必ず定めなければならない事項ではありません。しかし、具体的なルールを明確にした方が、企業秩序を維持するために有益です。

　最高裁判所も、企業秩序は、企業の存立と事業の円滑な運営の維持のために必要不可欠なものであり、企業は、この企業秩序を維持確保するため、これに必要な諸事項を規則をもって一般的に定めることができるとしています（富士重工事件・最判昭和52年12月13日）。

2　在宅勤務規程の服務規律に違反した場合はどうなるか

　服務規律違反については、基本的に懲戒処分の対象となると考えるべきです。ただし、懲戒処分をするためには、就業規則にどのような場合に懲戒ができるかを定めている必要があります。そのため、少なくとも就業規則に服務規律違反が懲戒事由に該当する旨の記載が必要です。また、懲戒事由に記載されている事項と服務規律として定められている事項に矛盾がないかどうかを検討する必要があります。

　在宅勤務就業規則との関係では、就業規則本則の懲戒事由に「この規則その他会社の定める諸規程に違反した場合」と記載するなどして、在宅勤務規程違反が懲戒事由に該当する旨を記載する必要があります。

3　在宅勤務における服務規律の具体的な内容

　本規則の服務規律については、厚生労働省のモデル就業規則の内容を記載しています（1号～5号）。

　6号と7号については、筆者が追記しました。会社に虚偽の申請をしてはならないのは、在宅勤務に限らず当然のことです（6号）。在宅勤務に際して、会社が貸与した器具を業務以外の目的で使用しないこと（7号）は、情報漏洩を防止する趣旨で記載しています。

　就業規則本則に服務規律が定められている限り、在宅勤務就業規則に詳細な規定を設ける必要はありません。なお、服務規律のうち、情報管理のルールについては、誓約書やセキュリティガイドラインに定めることになります。

第3章　在宅勤務時の労働時間等

●就業規則記載の労働時間と同一とするパターン

（在宅勤務時の労働時間）

第8条　在宅勤務時の労働時間については、就業規則第●条の定めるところによる。

1 労働時間を就業規則記載の所定労働時間と同一とする

　在宅勤務の場合も、就業規則に記載された所定労働時間が適用されることを確認した規定です。

　所定労働時間とは、就業規則または雇用契約書で定める始業時刻と終業時刻までの時間から休憩時間を除いた時間のことです。法定労働時間と同じく8時間とされることが多いですが、8時間以内であれば問題ありません。そのため、1日の所定労働時間を7時間、あるいは6時間などとすることも可能です。

2 法定労働時間とは

　法定労働時間とは、法律で定めた1日と1週の最長労働時間のことです。

　労働基準法第32条により、1日8時間、1週40時間が法定労働時間です。ただし、商業、映画演劇場（映画製作を除く）、保健衛生業及び接客娯楽業のうち、常時10人未満の労働者を使用する場合、1週間の法定労働時間は44時間となります（労働基準法第40条1項）。

　「1週」とは、就業規則その他に別段の定めがない限り、日曜日から土曜日までをいいます（昭和63年1月1日付基発第1号）。

　「1日」とは、午前0時から午後12時までをいいますが、継続勤務

が二暦日にわたる場合には、たとえ暦日を異にする場合でも一勤務として取扱い、当該勤務は始業時刻の属する日の労働として、当該日の「1日」の労働となります（昭和63年1月1日付基発第1号）。例えば、10月7日の午前9時から10月8日午前2時まで仕事をした場合（休憩1時間）、10月7日に16時間仕事をしたということになります。

　また、法定労働時間を超える労働時間を就業規則に記載しても、無効となります。例えば、就業規則に始業午前8時30分、終業午後6時30分、休憩1時間として、1日9時間の所定労働時間を定めたとしましょう。この1日9時間という定めは、1日8時間という法定労働時間（最長労働時間）を超えるため、最後の1時間の部分が無効となり、終業時刻は午後5時30分に修正されます。

　しかし、法定労働時間を超えて仕事をすることが一切禁止されているわけではありません。いわゆる36協定を締結し労働基準監督署に届出をすることで、一定の範囲で法定労働時間を超える労働が認められます（労働基準法第36条）。この法定労働時間を超える労働が、いわゆる残業です。法定労時間を超えた時間について、通常の労働時間の賃金の1.25倍以上の残業代を支払わなければなりません（労働基準法第37条1項）。

3 同じ日に自宅とオフィスの両方で仕事をした場合の労働時間

　在宅勤務をする場合、午前9時から午後1時まで自宅で仕事をして、同じ日の午後3時から午後8時まではオフィスで仕事をするということも考えられます。

　自宅とオフィスの両方で仕事をした場合、労働時間は通算されることになります。上記の事例では、自宅で4時間、オフィスで5時間、合計で1日9時間の仕事をしたことになります。

4 労働基準法上の労働時間の概念

　1日8時間または1週40時間を超えて労働する場合、労働基準法上、36協定を締結し、残業代を支払う必要があります。そこで、労働基準法上の労働時間とは何かという問題について、検討する必要があります。

　労働基準法上の労働時間とは、「労働者の行為が使用者の指揮命令下に置かれたものと評価することができるか否かにより客観的に定まるものであって、労働契約、就業規則、労働協約等の定めのいかんにより決定されるべきものではない」とされています（三菱重工業長崎造船所事件・最判平成12年3月9日）。客観的に定まるとされているため、労働時間に当たるかどうかを労使合意によって決めることはできません。

　例えば、就業規則で「在宅勤務中、同僚との打ち合わせに要した時間は、労働時間に当たらない」と定めても、同僚との打ち合わせが労働時間に当たらないと判断されるわけではありません。同僚との打ち合わせが「指揮命令下に置かれたものと評価することができるか」により判断されます。

　「指揮命令下に置かれたものと評価することができるか」を基準とするため、業務や作業をしていない時間でも、労働時間と認められる可能性があります。

　まず、業務の準備行為等を事業場内において行うことを使用者から義務付けられ、またはこれを余儀なくされたとき、その時間は労働時間に当たります。例えば、作業服等を着るのは業務そのものではありませんが、作業服等を事業場内の更衣所等において行うものとされており、これを怠ると就業規則に定められた懲戒処分を受けたり、就業を拒否されたり、成績考課に反映されて賃金の減収につながったりする場合がある事案で、作業服及び保護具等を着る時間は労働時間に当たると判断されました（三菱重工業長崎造船所事件・最判平成12年3月9日）。

　次に、業務に従事していない時間であっても、労働からの解放が保障されていない場合、その時間は労働時間に当たります。例えば、ビル管理人が仮眠室で待機していた時間について、警報や電話等に対して直ちに相当の対応をすることを義務付けられており、実際にそのような対応をしていた事案では、待機時間についても労働時間に当たると判断されました（大林ファシリティーズ事件・最判平成19年10月19日）。つまり、たとえ仕事をせずに待機しているだけでも、その待機している時間が労働時間に当たる場合があるということです。

　最高裁判所の「指揮命令下に置かれたものと評価することができるか」という基準は極めて抽象的であるため、この基準だけで労働時間に当たるかどうかを判断することはできません。裁判実務上は、業務であるかどうか、業務でない場合はどの程度業務と関連するか、会社としての関与の程度についても考慮されます。ただし、たとえ仕事をしていたとしても、会社が知らない間に仕事をしていた時間は労働時間に当たりません。そのため、労働時間に当たるためには、会社から明示または黙示の指示が必要とされています。

　以下、在宅勤務の際に労働時間に当たるかどうかが問題になる事例を検討していきます。

5　事例検討

①　在宅勤務時に使用する机の整理整頓

【事例１】
　在宅勤務者のXは、毎日、始業時刻の５分前に在宅勤務時に使用する自宅の机の上・引出し・パソコン等を整理整頓していた。

始業時刻前の準備行為については、別途、労働を開始する時刻を指示・命令していなければ労働時間に当たらないとされています（東京地判平成30年9月4日）。

例えば、東京地判平成14年2月28日では、駅務員の始業時刻前の引継ぎに関して、「駅務員は、始業時刻までに、引継を完了させておくことまでは求められていない」ことを理由に、始業時刻前の引継ぎが労働時間に該当しないと判断しました。

このように、始業時刻前の準備行為等については、それが始業時刻までに行うことが義務付けられていない限り、労働時間に当たることはありません。

始業時刻前の整理整頓に関して、労働時間に当たると判断した東京地判平成15年10月3日は、就業規則に「15分前迄に出社し、就業に適する服装を整える等就業の準備をしておくこと」と記載され、顧客対応強化の一環として、始業後即座に顧客からの電話や来店顧客に応対できるように、始業時刻の15分前には出勤し全員一体となって執務室内の清掃や整理を行うよう会社が社員に要請した事案です。

在宅勤務の際の始業時刻前の整理整頓等の作業についても、上記のような記載が在宅勤務就業規則や誓約書等にあり、実際に始業時刻前に整理整頓するよう指示していた場合は、労働時間に当たることになります。

② 在宅勤務前の朝礼

【事例2】
　Y社の就業規則上の始業時刻は午前9時である。Y社は、午前8時45分から在宅勤務者を対象としたオンライン朝礼を行っていた。

始業時刻前の朝礼については、自由参加かどうかが問題となります。

自由参加であれば労働時間ではありませんが、参加を命令されていたり、事実上、参加を強制されていたりすれば労働時間に当たります。

東京地判平成 28 年 9 月 16 日は、「朝礼はスムーズな引継の一環としてするものであり、通常は 2、3 分、長くても 5 分程度であること、参加しない者もおり、参加は義務づけられていなかったことが認められる。そうすると、朝礼への出席は、任意であり、指揮監督下におかれていたということは認められない」として労働時間に当たらないと判断しました。

他方、大阪地判平成 27 年 1 月 29 日は、①朝礼の内容が業務の遂行に関連しその遂行に必要な準備行為であること、②朝礼においてシフト表通りの人員が出勤しているか確認していること、③朝礼に遅刻した日には出勤簿にその旨の記載があること、などを指摘して、朝礼への参加を事実上強制されていたとして、労働時間に当たると判断しています。

以上の裁判例を踏まえると、朝礼が労働時間に当たるかどうかは、①朝礼の内容が業務遂行に必要か、②朝礼に参加しない者がいるか、③会社として朝礼の出席者を確認しているか、④朝礼に欠席や遅刻をした場合のペナルティがあるかどうか、などを総合的に考慮して判断されると考えられます。

総合的に考慮されるため、明確に判断することは困難な事例もあり、実際に、原審と控訴審で労働時間に当たるかどうかの判断が分かれるような事案もあります（京都地判平成 26 年 12 月 25 日、大阪高判平成 28 年 4 月 15 日）。特に、毎日決まった時間に朝礼を行っていて、かつ、ほぼ全員が参加しているような場合、これが任意なのか事実上の強制なのかを判断することは、実際には困難です。

そのため、在宅勤務中の朝礼についても、それが業務に必要な場合は、始業時刻後に行うか、朝礼の時間が労働時間に当たることを前提に時間管理をすべきです。

労働時間でないことを前提に始業時刻前に朝礼を行うのであれば、自

由参加であることを明確にした上で、朝礼の内容を参加しなくても業務に支障が出ないような内容とすべきでしょう。例えば、従業員の有志がオンライン上で挨拶とラジオ体操を行うような場合は、労働時間に当たらないと評価されると考えられます。

③　在宅勤務時間中の私的チャット

【事例3】

　Xは、在宅勤務中、1日当たり300回以上、時間にして2時間程度、会社内の同僚や上司とチャットをしていた。チャットの中には、業務と関係があるものもあったが、部下の悪口など業務に無関係なチャットが含まれていた。

　上記の事例と同様の事案（在宅勤務者ではない）で、ドリームエクスチェンジ事件・東京地判平成28年12月28日は、チャットの私的利用を行っていた時間が労働時間に当たると判断しました。

　その理由として、①自席のパソコンで行われたものであること、②直属の上司との間でも私的チャットがなされているが注意・指導したことは一切なかったこと、③チャットは会社内の同僚や上司との間で行われたものであること、④業務に無関係なチャット、業務に無関係とまではいえないチャット、私語として社会通念上許容される範囲のチャット及び業務遂行と並行してなされているチャットが渾然一体となっていること、が挙げられています。

　この判決は、労働時間とそうでない時間を区別できないため、全体として労働時間に当たると判断しました。同僚や上司との私的なチャットは、作業中の雑談と同じように評価し得るという点も考慮されています。仕事をしていない時間も労働時間と認める点について、この判決では、

「チャットの私的利用は、使用者から貸与された自席のパソコンにおいて、離席せずに行われていることからすると、無断での私用外出などとは異なり、使用者において、業務連絡に用いている社内チャットの運用が適正になされるように、適切に業務命令権を行使することができたにもかかわらず、これを行使しなかった結果と言わざるを得ない」としています。

　在宅勤務中の社内の連絡手段をチャットにすることも考えられますが、この判決を踏まえると、内容に問題があった場合は随時、注意や指導をすることが重要です。チャットの利用を業務連絡用に限定し、私的な内容のチャットを禁止するルールを設けることも必要でしょう。適切に注意・指導していない場合、私的チャットに要したと考えられる時間も労働時間と判断されてしまう可能性があります。

④　在宅勤務時間中のウェブサイト閲覧

> 【事例４】
> 　Ｘは、在宅勤務中、会社から貸与された業務用のパソコンを使用して、業務と無関係なウェブサイトを閲覧していた。

　ウェブサイトの閲覧についても、前記③「在宅勤務時間中の私的チャット」事案と同様に、裁判上、会社側は、労働時間に当たらない時間を分単位で特定して主張する必要があります（東京地判平成30年11月12日）。
　私的チャットとウェブサイト閲覧の違いとして、ウェブサイトの閲覧は、上司や同僚との雑談の延長と考えることができません。また、必ずしも上司が確認できるわけではなく、注意できなかったことが会社の責任とは言い難いこともあります。そのため、ウェブサイトの閲覧が労働時間に当たらないという主張は、私的チャットの場合と比較して認めら

れる可能性が高いといえます。労災の事案で、中央労働基準監督署長事件・福岡地判平成 30 年 6 月 27 日は、ウェブサイトのアクセスについて、1 アクセスにつき閲覧時間が 1 分として、この閲覧時間を 1 か月間の労働時間から控除するのが相当であると判断しています。

　本件でも、ウェブサイトのアクセス回数に応じて一定時間を労働時間から控除することが認められると思われます。

　業務管理を厳格にするという観点からすれば、ウェブサイトの閲覧履歴等をモニタリング可能な状態にしておくことも検討すべきでしょう。実際にモニタリングするかどうかは別として、モニタリング可能な状態にすることにより、私的利用を事実上、抑止する効果があります。

●承認により始業時刻・終業時刻を変更することを可能とするパターン

（在宅勤務時の労働時間）

第 8 条　在宅勤務者の在宅勤務時の労働時間については、就業規則第●条の定めるところによる。

2　在宅勤務者は、前営業日午後 5 時までに各号の範囲内で在宅勤務時の始業時刻、終業時刻を申請し、会社の承認を受けて始業時刻・終業時刻を変更することができる。なお申請する時間の単位は 15 分単位とする。承認されない場合の始業時刻、終業時刻は、就業規則第●条に従う。

①　在宅勤務者の 1 日当たりの労働時間は 8 時間とする。

②　必ず勤務しないといけない時間帯は、午前 11 時から午後 3 時までとする。

③　始業時刻、終業時刻は、以下の範囲内で申請することができる。

始業時間帯　午前 7 時から午前 11 時

終業時間帯　午後 3 時から午後 8 時

1 就業規則に定められた労働時間が原則（第8条1項）

1項は、就業規則に定められた労働時間が原則となることを記載しています。

2 承認により始業時刻・終業時刻を変更（第8条2項）

2項は、事前承認により始業時刻・終業時刻の変更を可能とすることで、労働時間の弾力化を図るものです。あくまで、在宅勤務日の労働時間の変更を可能とする趣旨であり、オフィスで勤務する日は、就業規則の原則的な労働時間が適用されます。その意味で、部分的にフレックスタイム制と類似した制度を導入しようとするものです。ただし、後述する通り、フレックスタイム制とは、在宅勤務日に限らず原則として全労働日の始業時刻と終業時刻を従業員が決定する制度ですが、本規定はフレックスタイム制ではありません。

また、従業員から申請そのものがない場合や会社が承認しない場合、就業規則の原則的な労働時間が適用されます。前日までに会社の承認を必要とする点で、フレックスタイム制とは異なります。

なお、前日午後5時までに会社に承認を求めるというのは例示であり、「在宅勤務の申請時に承認を求める」「始業時刻までの承認で足りる」とすることも可能です。

承認を不要とすることも考えられます。当日に、電子メールで始業時刻と終業時刻を報告させるということにすれば、在宅勤務時にフレックスタイム制とほぼ同様の働き方を実現することも可能です。

3 1日当たりの労働時間（第8条2項1号）

在宅勤務者の1日当たりの所定労働時間は、8時間と規定しました。

フレックスタイム制であれば、所定労働時間について8時間を超える制度設計も可能ですが、本規定はフレックスタイム制を導入するもの

ではありません。そのため、1日の所定労働時間は法定労働時間8時間以内となります。

4 必ず勤務しないといけない時間帯（第8条2項2号）

　必ず勤務しないといけない時間帯は、午前11時から午後3時までと規定しましたが、これはあくまで例示であり、会社の実情に応じて、自由に規定することができます。

5 始業時刻・終業時刻の選択制（第8条2項3号）

　始業時刻を午前7時から午前11時まで、終業時刻を午後3時から午後8時までの時間帯から選択できるように規定しました。フレックスタイム制とは異なり、この時間帯に自由に勤務してよいという趣旨ではありません。申請をして会社の許可を得た場合、始業時刻と終業時刻を選択できるという趣旨です。

6 フレックスタイム制について

① フレックスタイム制を在宅勤務者に限定する必然性はない

　繰り返しとなりますが、本規定は、在宅勤務者にフレックスタイム制を適用する規定ではありません。

　フレックスタイム制については、通常の労働時間管理（1日8時間・1週40〔44〕時間）に次いで、テレワークを実施する企業が採用している割合が高い制度です（調査・16頁）。

　そのため、在宅勤務の導入と同時に、フレックスタイム制の導入を検討することも選択肢の一つです。

　ただし、この場合も在宅勤務者のみを対象にフレックスタイム制を導入する必然性はありません。フレックスタイム制を導入したいのであれ

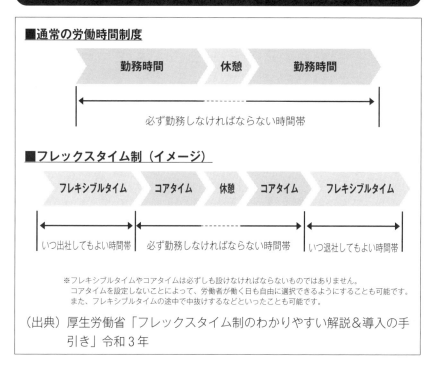

【図表3-1】　通常の労働時間制度とフレックスタイム制の比較

（出典）厚生労働省「フレックスタイム制のわかりやすい解説＆導入の手引き」令和3年

ば、在宅勤務就業規則ではなく、就業規則本則に記載した上で、在宅勤務者に限定せず、適切な者に対して適用すべきです。フレックスタイム制の適用対象としては、常時在宅勤務をしている者、在宅勤務とオフィス勤務を両方行っている者、常時オフィス勤務を行っている者が考えられます。

　就業規則本則にフレックスタイム制を定めることで、在宅勤務ができない者もフレックスタイム制を適用することができ、ワークライフバランスのさらなる向上を図ることができます。

　以下では、フレックスタイム制について解説していきます。

② フレックスタイム制とは

　フレックスタイム制とは、3か月以内の期間で総労働時間数を決め、その範囲内で始業時刻と終業時刻を従業員が決定する制度です（労働基準法第32条の3）。この労働時間は、1日8時間、1週40時間を超えることも可能です。

　フレックスタイム制の目的の一つはワークライフバランスであり、在宅勤務と目的が共通している部分があります。

③ フレックスタイム制を導入する条件

　フレックスタイム制を導入するためには、就業規則と労使協定に以下の内容を記載する必要があります。

a. 就業規則の定め

　フレックスタイム制を導入するためには、始業及び終業の時刻を当該労働者の決定にゆだねることを就業規則に定めることが必要です。始業時刻または終業時刻の一方についてのみ労働者の決定にゆだねるのは、不十分とされています。コアタイム（労働者が労働しなければならない時間帯）、フレキシブルタイム（労働者がその選択により労働することができる時間帯）も、始業及び終業の時刻に関する事項であるため、それらを設ける場合には、就業規則に定める必要があります（昭和63年1月1日付基発第1号）。

b. 労使協定の定め

　従業員代表者または過半数労働組合との間で、以下の内容が記載された労使協定を締結する必要があります。清算期間が1か月を超える場合には、労使協定を所轄の労働基準監督署長に届け出る必要があります。

▶ **フレックスタイム制を適用する従業員の範囲**

　　全従業員、各人ごと、課ごと、グループごとなど、様々な範囲が考えられます。

▶ **3か月以内の清算期間**

　　3か月以内であれば、問題ありません。

▶ **清算期間における総労働時間**

　　後述する通り、総労働時間については、法律上の上限の範囲内であれば、労使間で自由に決めることができます。

▶ **標準となる一日の労働時間**

　　この標準となる一日の労働時間ですが、年次有給休暇を取得した際に支払われる賃金の算定基礎となる労働時間等となる労働時間の長さを定めるものであり、単に時間数を定めれば問題ありません（昭和63年1月1日付基発1号）。

▶ **コアタイム（労働者が労働しなければならない時間帯）を定める場合には、その時間帯の開始及び終了の時刻**

　　コアタイムは、必ずしも設定しなければいけないものではありません。

▶ **フレキシブルタイム（労働者がその選択により労働することができる時間帯）に制限を設ける場合には、その時間帯の開始及び終了の時刻**

　　フレキシブルタイムの下限時間については、始業及び終業時刻のそれぞれについて、最低1時間以上と考えられます。

▶ **清算期間が1か月を超える場合は有効期間の定め**

　　清算期間が1か月を超える場合、労使協定の有効期間を記載する必要があります（労働基準法施行規則第12条の3第1項4号）。

④ １日８時間・週 40 時間など（特例事業場については 44 時間）を超えて仕事をしても、ただちに時間外労働とならない

　フレックスタイム制を導入した場合、清算期間（3 か月以内）における法定労働時間の総枠を超えた時間数が時間外労働となります。フレックスタイム制は、労働時間を従業員が自由に決めるため、1 日単位や 1 週間単位で時間外労働が発生したり、残業代が計算されたりすることはありません。例えば、1 日 10 時間働いたとしても、2 時間残業したことにはなりません。清算期間（3 か月以内）における法定労働時間を超えた場合に残業となります。

　清算期間における法定労働時間の計算方法は、以下の通りです。

１週間の法定労働時間　×　清算期間の暦日数　÷　7

　1 週間の法定労働時間が 40 時間の事業場の法定労働時間の総枠は、以下の通りです。例えば、1 か月単位のフレックスタイム制で清算期間

【図表３−２】　フレックスタイム制における法定労働時間の枠

1 か月単位		2 か月単位		3 か月単位	
清算期間の暦日数	法定労働時間の総枠	清算期間の暦日数	法定労働時間の総枠	清算期間の暦日数	法定労働時間の総枠
31 日	177.1 時間	62 日	354.2 時間	92 日	525.7 時間
30 日	171.4 時間	61 日	348.5 時間	91 日	520.0 時間
29 日	165.7 時間	60 日	342.8 時間	90 日	514.2 時間
28 日	160.0 時間	59 日	337.1 時間	89 日	508.5 時間

（出典）厚生労働省「フレックスタイム制のわかりやすい解説＆導入の手引き」令和 3 年

86

の暦日数が 31 日の場合、清算期間内の実労働時間が 177.1 時間を超えたら時間外労働となります。

⑤　清算期間が 1 か月を超える場合の取扱い

フレックスタイム制の清算期間の上限は、3 か月間です。

清算期間が 1 か月を超える場合、「①清算期間における総労働時間が法定労働時間の総枠を超えないこと」だけでなく、「② 1 か月ごとの労働時間が週平均 50 時間を超えないこと」の両方が必要であり、①または②のどちらかを超えた場合、時間外労働になります。

また、清算期間が 1 か月以内であれば労使協定の届出は不要ですが、清算期間が 1 か月を超える場合には、労使協定を所轄の労働基準監督署長に届け出る必要があり、届出をしなかった場合は罰則規定があります（労働基準法第 32 条の 3 第 4 項、第 120 条 1 号）。

⑥　清算期間内の実労働時間数が労使協定で定めた総労働時間数を超えている、または不足していた場合の取扱い

1 か月単位のフレックスタイム制で当月の法定労働時間が 177.1 時間、労使協定で定めた総労働時間数が 160 時間、翌月の法定労働時間が 171.4 時間の場合を例に検討します。

a. 当月の実労働時間が 130 時間の場合

総労働時間と比べて 30 時間分不足するため、30 時間分の賃金を減額することができます。

では、当月 30 時間分の賃金を減額する代わりに、翌月の総労働時間に 30 時間加えて仕事をしてもらうことはできるのでしょうか。

この点については、翌月に加算することは可能ですが、加算後の時間（総労働時間＋前の清算期間における不足時間）は、法定労働時間の

総枠の範囲内である必要があります。

　例えば、翌月の総労働時間160時間に30時間を加算すると190時間となるため、翌月の法定労働時間171.4時間を超えてしまいます。加算できる上限の時間数は11.4時間分（171.4 – 160）であるため、その範囲で翌月に繰り越し、残りの18.6時間は当月分の賃金から減額することになります。

b. 実労働時間が150時間の場合

　当月の総労働時間と比べて10時間分不足するため、当月の10時間分の賃金を減額することができます。

　10時間分の賃金を減額する代わりに、翌月の総労働時間に10時間加えて仕事をしてもらう場合、前述した通り、加算後の時間（総労働時間＋前の清算期間における不足時間）は、法定労働時間の総枠の範囲内である必要があります。

　総労働時間に10時間を加算すると170時間となるため、翌月の法定労働時間171.4時間を超えません。そのため、この場合は、翌月の総労働時間に10時間加えて仕事をしてもらうことができます。

c. 実労働時間が170時間の場合

　総労働時間は160時間であり、10時間分超過するため、10時間分の賃金を支払う必要があります。

　では、10時間分の賃金を支払わずに、翌月の総労働時間を10時間減らすことで対応できるのでしょうか。

　この点については、行政解釈上、違法と判断されています（昭和63年1月1日付基発1号）。そのため、結論として、10時間分の賃金を支払わずに、翌月の総労働時間を10時間減らして対応することはできません。

d. 実労働時間が 180 時間の場合

　総労働時間は 160 時間であり、20 時間分超過するため、20 時間分の賃金を支払う必要があります。また、法定労働時間数 177.1 時間と比べて 2.9 時間超過しているため、この 2.9 時間分について、1.25 倍の割増賃金を支払う必要があります。なお、c 記載の通り、超過時間を翌月に繰り越しすることはできません。

以上をまとめると、次の表のようになります。

【図表 3 - 3 】　フレックスタイム制における労働時間制の賃借

	賃　金	翌月の総労働時間
実労働時間数が総労働時間数より少ない場合	不足時間分の減額は可能	減額をせずに不足時間分を翌月に加算することは可能（➡前記 b の事案）ただし、翌月に加算する場合、加算後の時間（総労働時間＋前の清算期間における不足時間）は、法定労働時間の総枠の範囲内である必要がある（➡前記 a の事案）
実労働時間が総労働時間数を超過し、法定労働時間数以内の場合	超過時間分の賃金の支払い義務がある	超過時間分の賃金の支払いをせずに翌月の総労働時間数を減らして対応することはできない（➡前記 c の事案）
実労働時間が法定労働時間数を超過する場合	超過時間分の賃金の支払い義務があり、法定労働時間を超過した分については、割増賃金の支払い義務がある	超過時間分の賃金の支払いをせずに翌月の総労働時間数を減らして対応することはできない（➡前記 d の事案）

⑦ 完全週休2日制の事業場におけるフレックスタイム制

完全週休2日制（国民の祝日は所定休日ではない）の会社でフレックスタイム制を導入した場合には、1日8時間労働であっても、曜日の巡り合わせによって、清算期間における総労働時間が法定労働時間の総枠を超えてしまう問題があります。例えば、月の暦日数が31日、土日以外の日数が23日ある月の場合、23日×8時間で184時間となり、177.1時間を超えてしまいます。

週の所定労働日数が5日（完全週休2日）の従業員については、労使協定を締結することによって、「清算期間内の所定労働日数×8時間」を労働時間の限度とすることが可能です（労働基準法第32条の3第3項）。この場合も、労使協定を締結すれば、月の暦日数が31日、土日以外の日数が23日ある月に184時間労働しても、時間外労働は発生しないことになります。

⑧ 在宅勤務中に出社命令や出張命令はできるか

在宅勤務者にフレックスタイム制を導入した場合、コアタイムについては、労働者が労働しなければならない時間帯であるため、在宅勤務中に出社命令や出張命令を出すことができます。この点については、争いはありません。

問題は、フレキシブルタイムの時間帯に時刻を指定して出社命令や出張命令ができるかどうかです。例えば、コアタイムが午前11時～午後3時まで、フレキシブルタイムが午前7時～午前11時と午後3時～午後8時の会社で、午後3時30分から社内会議のため出社して欲しい場合、在宅勤務者に午後3時30分に会議に出席するよう出社命令ができるかどうかが問題となります。

参考になる裁判例もありませんが、現時点では、従業員の同意を得な

い限り、フレキシブルタイムの時間帯に出社や出張を命じることはできないと考えるべきです。会議の必要性等を在宅勤務者に説明した上で出席を促し、それでも同意しない在宅勤務者には、フレックスタイム制そのものの適用を解除し、会議の出席を命令すべきです。

　なお、多くの在宅勤務者は、会社から会議時刻を指定されたら異議を述べずに出席すると考えられ、その場合は、在宅勤務者の黙示の同意があったことになるため問題ありません。

　フレックスタイム制とは、「労働者がその生活と業務との調和を図りながら、効率的に働くことを可能とし、労働時間を短縮しようとするもの」です（昭和63年1月1日付基発第1号）。業務より私生活を全面的に優先させる制度ではないため、正当な理由もなく、会議等の出席を拒否する従業員は、上述した通り、フレックスタイム制の適用の対象外とすべきです。また、会議の出席拒否を査定の際に考慮することは適法と考えられます。

⑨　フレキシブルタイムの時間帯を超えて、在宅勤務者に対して残業を命じることはできるのか

　フレキシブルタイムの時間帯以外に、仕事をしてもらうように指示することはできるのでしょうか。

　例えば、コアタイムが午前11時〜午後3時まで、フレキシブルタイムが午前7時〜午前11時と午後3時〜午後8時の会社で、午後9時から顧客とのミーティングがあり、オンライン会議で参加して欲しい場合、在宅勤務者に午後9時に会議に参加するよう指示できるかどうかが問題となります。

　現時点のフレックスタイム制のもとでは、残業を命じることはできないと考えるべきです。その上で、前記⑧と同様、会議の必要性等を在宅勤務者に説明して出席を促し、それでも同意しない在宅勤務者について

は、必要であればフレックスタイム制の適用を解除し、会議の出席を命令することになります。

　なお、運用上、フレックスタイム制の時間外勤務は、在宅勤務者の私生活にも配慮すべきです。緊急の必要性がない場合は、会議をフレックスタイム制の時間外に入れないこと、会議の参加者をプロジェクトの責任者等に限定すること、予定を入れる前に従業員の予定を確認することなどの工夫が必要です。

⑩　遅刻・早退・欠勤についてはどのように考えればいいのか

　まず、フレックスタイム制は勤務すべき日が決まっているため、特定の日に全く勤務しない場合は、欠勤となります。また、コアタイムが定められている場合、コアタイムの遅刻や早退が考えられます。欠勤やコアタイムの遅刻・早退について、昇給、賞与、昇格等の査定において評価することは問題ありません。

　では、欠勤やコアタイムの遅刻・早退について、相当分の賃金を差し引くことはできるのでしょうか。

　この点については、1日単位で労働時間が計算されるわけではないため、1日単位で労働時間が不足したからといって、その分の賃金を差し引くことはできません。ただし、コアタイムの無断欠勤を繰り返したことを理由に、懲戒処分として減給することは可能です。また、コアタイムを対象とした精皆勤手当を支給している会社であれば、これを支給しないことも可能です。

⑪　休憩時間を取りたいときに取るという制度設計は可能なのか

　フレックスタイム制を導入した場合、休憩時間を取りたいときに取るという制度設計も可能です。

　在宅勤務者にフレックスタイム制を導入した場合、休憩時間は一斉に

取らせるのが原則であるため、コアタイムに休憩時間を定める必要があります。ただし、労使協定を締結した場合、休憩時間の長さを定め、それを取る時間帯は労働者にゆだねると定めることができます（昭和63年3月14日付基発第150号）。そうすれば、フレックスタイム制の在宅勤務者について、休憩時間を取りたいときに取るという制度設計にすることが可能です。

これにより、例えば、保育園に通う子どもの送迎をするために、休憩時間をずらして取ることも可能となります。

⑫　休日を取りたいときに取るという制度設計は可能なのか

フレックスタイム制を導入した場合、休日を取りたいときに取るという制度設計も可能です。

在宅勤務者にフレックスタイム制を導入した場合、法律上、週1日以上または4週4日の休日を与える必要があります（労働基準法第35条）。しかし、何曜日を休日とするかについて、法律上、特定する必要はありません。

そのため、例えば、休日を週2日として、1週2日取りたいときに休日を取るという制度設計も可能です。また、休日を週1日以上とした上で、従業員が休日を自由に選択することも可能です。これにより、従業員の選択によっては、特定の1週間を全て休日とすることも可能となります。

⑬　在宅勤務におけるフレックスタイム制の導入

まず、すでにフレックスタイム制が導入されていて、就業規則にもその旨の記載がある会社は、就業規則を変更する必要はありません。

次に、新たにフレックスタイム制を導入しようとする会社については、在宅勤務者のみフレックスタイム制を導入する必要はありません。前述

した通り、在宅勤務かオフィス勤務かにかかわらず、フレックスタイム制に適した業務内容に従事している従業員を対象とすべきです。そのため、フレックスタイム制については、在宅勤務就業規則ではなく、就業規則本則に記載すべきであると考えます。

一度、就業規則により採用したフレックスタイム制を廃止することは不利益変更に当たると考えられ、合理性が必要になります。

在宅勤務において、フレックスタイム制を試験的に導入する企業は、就業規則に試行期間を設定するとともに、試行期間終了後に業務への支障の有無や程度に応じて制度を改廃する旨を記載するという対応が考えられます。

また、在宅勤務日のみをフレックスタイム制とすることはできないと考えられます。仮に、在宅勤務者の在宅勤務日について、労働時間の弾力化を図りたい場合は、本規定と同趣旨の規定を置くことで、1日の始業時刻と終業時刻の弾力化を図ることが可能です。

●事業場外みなし労働時間制を採用するパターン

（在宅勤務時の労働時間）

第8条　在宅勤務時の労働時間については、就業規則第●条の定めるところによる。

2　前項にかかわらず、在宅勤務者が次の各号全てに該当するときその他労働時間を算定し難いときであって会社が必要と認めた場合は、就業規則第●条を適用し、在宅勤務日、就業規則第●条に定める所定労働時間の労働をしたものとみなす。事業場外みなし労働時間制が適用される在宅勤務者の労働条件については、原則として労働条件通知書等の書面により明示する。

①　情報通信機器を通じた会社の指示に対する応答を原則として在宅勤務者に任せていること。

②　在宅勤務者の業務が常に所属長から随時指示命令を受けなければ遂行できない業務でないこと。

1 厚生労働省のモデル就業規則

本規定は、在宅勤務者のうち労働時間の把握が困難な者を対象に事業場外みなし労働時間制（労働基準法第 38 条の 2）が適用できるように、ガイドラインに基づいて、モデル就業規則を修正したものです。在宅勤務者に事業場外みなし労働時間制を適用すると、例えば、所定労働時間が 8 時間の場合、実際に 9 時間働いた場合でも 8 時間働いたとみなすことができます。

在宅勤務時において、始業時刻と終業時刻を把握した上での労働時間管理を原則としていますが（1 項）、2 項各号の要件を満たした場合、事業場外みなし労働時間制を適用し、所定労働時間働いたとみなすという規定です。

なお、「①情報通信機器を通じた会社の指示に対する応答を原則として在宅勤務者に任せていること」というのは、情報通信機器を通じた使用者の指示に即応する義務がない状態であることを意味します。パソコンや携帯電話を通信不能の状態におかなければ、事業場外みなし労働時間制が適用されないという意味ではありません。インターネットにパソコンが接続されていても、メールの確認を自分の判断で行うことができるのであれば、「①情報通信機器を通じた会社の指示に対する応答を原則として在宅勤務者に任せていること」の条件を満たします。

以下では、事業場外みなし労働時間制が認められる条件や行政解釈、裁判例等を踏まえ、在宅勤務者に事業場外みなし労働時間制を適用する場合の注意点を検討していきます。

2 事業場外みなし労働時間制とは

事業場外みなし労働時間制とは、事業場外で仕事をした場合、労働時間を算定し難いとき、原則として所定労働時間労働したものとみなす制度です（労働基準法第38条の2）。

この事業場外みなし労働時間制は、もともと新聞記者や営業職社員などオフィスの外で仕事をしている従業員が、実際に1日何時間仕事をしたのかを会社として把握するのが困難であるため、認められたものです。営業職社員の例でいえば、無駄話で時間をつぶして遅く帰社する社員の方が、計画的に訪問し手際良く話を進めてセールス活動する社員より労働時間が長くなり、その時間分だけ割増賃金を得るのは不公平ではないかという公平性の問題もあります。

事業場外みなし労働時間制は、1日単位でしか認められません。「在宅勤務中は、1日8時間労働したものとみなす」と定めることはできますが、「在宅勤務中は、月173時間労働したものとみなす」や「在宅勤務者の業務については、年間2000時間労働したものとみなす」というように、月単位や年単位で労働時間をみなすことはできません。

事業場外みなし労働時間制には、以下①〜③の3つのパターンがあります。なお、①と②の場合は、労使協定の締結は不要です。

① 事業場外で仕事をした場合、労働時間を算定し難いときは、所定労働時間労働したものとみなされます（労働基準法第38条の2第1項本文）。

例えば、就業規則の所定労働時間が8時間の場合、実際には7時間あるいは9時間働いたとしても、8時間働いたとみなされます。「みなされる」ため、たとえ裁判で7時間あるいは9時間働いたことを証明しても、8時間働いたことにされます。

② ①の例外として、当該業務を遂行するためには通常所定労働時間を超えて労働することが必要となる場合、当該業務に関しては、当

該業務の遂行に通常必要とされる時間労働したものとみなされます（労働基準法第 38 条の 2 第 1 項ただし書）。

　例えば、業務の内容によっては所定労働時間 8 時間では処理できず、平均的にみて業務の遂行に 10 時間かかるという場合、所定労働時間の 8 時間働いたとみなされるわけではなく、10 時間働いたとみなされます。通常必要な時間が 10 時間であれば、実際には 9 時間働いても 10 時間働いていたとみなされますし、12 時間働いても 10 時間働いたとみなされます。

③　②の通常必要な時間を過半数労働組合または従業員代表者との労使協定で定めた場合、労使協定で定めた時間労働したとみなされます（労働基準法第 38 条の 2 第 2 項）。

　労働基準監督署に労使協定の届出（36 協定の締結と届出も必要）をすることで、1 日 8 時間を超える時間を必要な時間とすることもできます（労働基準法第 38 条の 2 第 3 項、労働基準法施行規則第 24 条の 2 第 3 項）。例えば、労使協定で通常必要な時間を 9 時間とすれば、実際に 7 時間働いても 9 時間働いていたとみなされますし、11 時間働いても 9 時間働いたとみなされます。

３ 労働時間の一部を在宅で勤務した場合

　在宅勤務者を事業場外みなし労働時間制の適用対象とする場合、労働時間の一部のみを在宅で勤務したときの労働時間の処理が問題となります。

　8 時間の事業場外労働の労使協定を締結し、在宅勤務者が朝に出社して 1 時間の会議に参加し、再度、夜に出社して顧客と 2 時間の面談をしたとき、在宅勤務（事業場外労働）8 時間＋事業場内労働 3 時間の合計 11 時間働いたとみなされます。

　頻繁にこのような計算を行わなければならないのであれば、残業代の計算のコストや負担が大きくなるという問題点があります。したがって、

在宅勤務者を事業場外みなし労働時間制の対象とする場合、オンラインでできる業務は可能な限りオンラインで済ませるべきであり、必要性がそれほど高くないときは、在宅勤務日に出社を求めるべきではありません。

4 在宅勤務者に事業場外みなし労働時間制が適用された場合の時間外労働や残業代

労使協定で8時間を超える時間を通常必要な時間とした場合（例えば、通常必要な時間を9時間とした場合）、前記 3 のように事業場外みなし労働時間制により算定されるみなし労働時間と別途把握した事業場内の業務に従事した時間の合計が1日8時間を超えるなど法定労働時間を超えるとき（事業場外労働8時間＋事業場内労働3時間）、法定労働時間を超えた時間は時間外労働となり、時間外労働分の割増賃金を支払う必要があります。

5 事業場外みなし労働時間制が適用される条件

事業場外みなし労働時間制が適用される条件は、以下の2つです。

① 事業場外で仕事をすること

1つ目の条件は、「事業場外」で仕事をすることです。

在宅勤務者の自宅は、事業場外に当たります（時間管理の手引・9頁）。モバイル勤務についても、オフィスの外で仕事をするため、事業場外みなし労働時間制の適用対象となります。

他方、サテライトオフィス勤務の場合、原則として事業場外みなし労働時間制の適用対象にはなりません。ただし、第三者が管理している共同利用型サテライトオフィスを個人で利用するような場合については、喫茶店等で仕事をする場合と同様に、事業場外みなし労働時間制の適用対象になります。

　なお、モデル就業規則や行政通達も、サテライトオフィス勤務に事業場外みなし労働時間制が適用されることを前提としていません。

● 労働基準法でいう「事業」とは、「工場、鉱山、事務所、店舗などのように一定の場所において、相関連する組織のもとに業として継続的に行われている作業の一体」とされ、一つの事業であるか否かは、主として場所的同一性で決定されます。つまり、経営一体をなす企業全体を一つの事業とみるのではなく、場所的に分散している支店や工場それぞれを一つの事業として取り扱うということです。その「事業」が行われる場所が「事業場」になります。

● しかし、場所的に分散しているものであっても、出張所、支店などで規模が著しく小さく、一つの事業といえるだけの独立性のないものは、直近上位の機構と一括して一つの事業として取り扱われます。例えば、新聞社の通信部などはこれに該当します。

● 自宅は通常「起居寝食など私生活を営む場所」であり、「新聞社の通信部」のような場合とは一般的に異なりますので、在宅勤務者の仕事場所である自宅が、直近上位の機構と一括された上で一つの事業場と判断されることはありません。したがって、在宅勤務者が自宅で仕事をしているということは、在宅勤務者の本来所属している事業場の外で仕事をしているということになります。

● なお、在宅勤務者の自宅は事業場に該当しませんので、在宅勤務者に適用している就業規則などを、在宅勤務者の自宅所在地を管轄する労働基準監督署に届け出る必要はありません。

（出典）厚生労働省「在宅勤務での適正な労働時間管理の手引」平成24年

---

② 「労働時間を算定し難いとき」であること

2つ目の条件は、「労働時間を算定し難いとき」であるということです。

使用者の具体的な指揮監督が及んでいて、労働時間を算定することが可能な場合、事業場外みなし労働時間制は適用されません（昭和63年1月1日付基発1号）。阪急トラベルサポート（派遣添乗員・第2）事件・最判平成26年1月24日によれば、「労働時間を算定し難いとき」か否かを判断する際には、業務の性質、内容やその遂行の態様、状況等、業務に関する指示及び報告の方法、内容やその実施の態様、状況等が考慮されます。

自宅で仕事をしているからといって、直ちに「労働時間を算定し難いとき」といえるわけではありません。自宅で仕事をしていても、携帯電話やメール等により、具体的な指揮監督が及んでいる場合、労働時間の算定が可能であり、事業場外みなし労働時間制は適用されません。

6 在宅勤務の場合、どのような条件で事業場外みなし労働時間制が適用されるのか

行政解釈によれば、在宅勤務について、事業場外みなし労働時間制が適用される条件は、次の①と②の両方を満たす場合です。

なお、平成16年3月5日付基発第0305001号では、「自宅内で仕事を専用とする個室を確保」した場合、事業場外みなし労働時間制が適用されないとも読める記載がありますが、この通達はすでに廃止されています。そのため、自宅内で仕事を専用とする個室で仕事をしている場合であっても、次の①と②をいずれも満たす場合、事業場外みなし労働時間制が適用されるというのが、現在の行政解釈です。

① 情報通信機器が、使用者の指示により常時通信可能な状態におくこととされていないこと

　この解釈については、以下の場合については、いずれも①を満たすと認められ、情報通信機器を労働者が所持していることのみをもって、制度が適用されないことはない。

・勤務時間中に、労働者が自分の意思で通信回線自体を切断することができる場合

・勤務時間中は通信回線自体の切断はできず、使用者の指示は情報通信機器を用いて行われるが、労働者が情報通信機器から自分の意思で離れることができ、応答のタイミングを労働者が判断することができる場合

・会社支給の携帯電話等を所持していても、その応答を行うか否か、又は折り返しのタイミングについて労働者において判断できる場合

② 随時使用者の具体的な指示に基づいて業務を行っていないこと

　以下の場合については②を満たすと認められる。

・使用者の指示が、業務の目的、目標、期限等の基本的事項にとどまり、一日のスケジュール（作業内容とそれを行う時間等）をあらかじめ決めるなど作業量や作業の時期、方法等を具体的に特定するものではない場合

（出典）厚生労働省「テレワークの適切な導入及び実施の推進のためのガイドライン」令和3年

　上記ガイドラインは、阪急トラベルサポート（派遣添乗員・第2）事件・最判平成26年1月24日の考慮要素のうち、業務に関する指示の方法、内容、その実施の態様、状況に着目したものです。このガイドラインにより、上司からの連絡に即時に応答する必要がなく、一定の裁量が認められるような仕事であれば、事業場外みなし労働時間制の適用について、

直ちに否定されないことが明確になりました。

　裁判実務上は、業務に関する指示以外に、①業務の性質、内容やその遂行の態様（主に業務遂行に裁量があるか）、②業務に関する報告の方法、内容、その実施の態様、状況（主に報告の頻度・具体性・使用者にとっての検証可能性）等も考慮されています。

7 在宅勤務者について「労働時間を算定し難いとき」と判断される目安

　在宅勤務については、パソコンやスマートフォン・携帯電話端末等の情報通信技術を利用することが想定されていることを踏まえて、「労働時間を算定し難いとき」と評価できるかどうかが問題となります。

　この点については、単に携帯電話等を所持しているだけでは、事業場外みなし労働時間制の適用は否定されません（ガイドライン、ナック事件・東京地判平成30年1月5日）。以下では、過去の裁判例から、在宅勤務者について「労働時間を算定し難いとき」と判断されるかどうかを検討していきます。ただし、在宅勤務者の事業場外みなし労働時間制の適用について、判断した裁判例はありません。

　過去の裁判例を分析する限り、次の3つの条件を満たす場合、「労働時間を算定し難いとき」と判断されています。

条件①　業務を行う具体的な方法や時間帯について従業員に裁量が認められること

条件②　事後的な報告では現実に行われた業務を具体的かつ網羅的に使用者が検証・確認することが困難であること

条件③　業務に携帯電話やノートパソコンを利用する場合、携帯電話やノートパソコンを通じた使用者の指示に従業員が即時に対応することが義務付けられていないこと

　条件①は、ガイドラインの要件②「随時使用者の具体的な指示に基づいて業務を行っていないこと」に対応しています。条件③は、ガイドラインの要件①「情報通信機器が、使用者の指示により常時通信可能な状態におくこととされていないこと」に対応しています。

　ただし、ガイドラインでは、条件②「事後的な報告では現実に行われた業務を具体的かつ網羅的に使用者が検証・確認することが困難であること」が明示的に考慮されていないように思います。

　例えば、事後的に作業内容とそれを行う時間を報告させ、その報告の内容についてメール履歴や通話履歴を確認することによって正確性を確認できるような場合は、形式的にガイドラインの要件を満たしていても、事業場外みなし労働時間制の適用が否定される可能性が高いといえます。なお、ガイドラインは法律ではないため、ガイドラインの要件を満たした場合でも、裁判所で事業場外みなし労働時間制の適用が否定される事案も考えられます。

　過去の裁判例を分析すると、主に考慮すべきことは以下の要素です。

①　業務の履行に裁量が認められるか

　まず、業務の履行に裁量が認められるかどうかが考慮されます。随時使用者の具体的な指示に基づいて業務を行っている場合、業務の履行に裁量が認められないと考えられます。

　a. 事業場外みなし労働時間制の適用を否定した裁判例

　東京地判平成 27 年 11 月 25 日は、「原告が当日巡回する店舗は被告の指示に基づいて定められ、店舗で行う業務も、突発的な修理業務等を除いては、あらかじめ用意した景品を補充し、売上金を回収するという定型的な内容であって、そこに原告が決定できる事項の範囲及びその決定に係る選択の幅は限られている」ことを指摘して、事業場

外みなし労働時間制の適用を否定しました。

　阪急トラベルサポート（派遣添乗員・第2）事件・最判平成26年1月24日は、「本件添乗業務は、旅行日程が上記のとおりその日時や目的地等を明らかにして定められることによって、業務の内容があらかじめ具体的に確定されており、添乗員が自ら決定できる事項の範囲及びその決定に係る選択の幅は限られている」ことを指摘して、事業場外みなし労働時間制の適用を否定しました。

b. 事業場外みなし労働時間制の適用を肯定した裁判例

　他方、ナック事件・東京高判平成30年6月21日は、「訪問のスケジュールは、チームを構成する一審原告を含む営業担当社員が内勤社員とともに決め、スケジュール管理ソフトに入力して職員間で共有化されていたが、個々の訪問スケジュールを上司が指示することはなく、上司がスケジュールをいちいち確認することもなく、訪問の回数や時間も一審原告ら営業担当社員の裁量的な判断に委ねられていた」ことを指摘して、事業場外みなし労働時間制の適用を認めました。

　ヒロセ電機事件・東京地判平成25年5月22日も「何時から何時までにいかなる業務を行うか等の具体的なスケジュールについて、詳細な指示を受けていた等といった事実は認められず、原告の事業場外労働について、被告の具体的な指揮監督が及んでいたと認めるに足りる証拠はない」こと、「出張時のスケジュールが決まっていないことや、概ね1人で出張先に行き、業務遂行についても、自身の判断で行っていること」を指摘して、事業場外みなし労働時間制の適用を認めました。

c. 検 討

　aとbより、何時から何時までどのような業務を行うかスケジュールを管理され、スケジュール通りに業務を行うことが求められていたり、マニュアル等によりあらかじめ業務の具体的な内容が確定していたりする場合は、事業場外みなし労働時間制の適用は否定されると考えられます。

　例えば、対応時間（午前9時から午後6時まで等）や対応方法がマニュアル等により決まっているようなコールセンター業務を在宅勤務者にさせる場合については、事業場外みなし労働時間制の適用は否定されると思われます。

　事業場外みなし労働時間制を適用するために、どの程度の裁量が必要かという点について、業務を行う具体的な方法や時間帯について裁量が認められる必要がありますが、業務の目的、目標、期限（例えば、一定の仕事を一定の日までに完成させること）等の基本的事項についてまでの裁量は不要と考えられます。

　この点については、ガイドラインにも同趣旨の記載があります。

② 報告の具体性と検証可能性

　業務完了後の報告が具体的かどうかも考慮されます。報告の内容の具体性だけでなく、使用者側が報告の内容について検証が可能かどうかも考慮されます。

a. 事業場外みなし労働時間制の適用を否定した裁判例

　東京地判平成27年11月25日は、「当日の業務終了後にその日の業務内容や業務開始・終了時刻等を報告させ、さらには各店舗の作業が終了する都度、作業結果が分かるように写真を撮らせ、これをメールで送信させていた」ことを指摘して、事業場外みなし労働時間制の適

用を否定しました。この判決の事案では、始業時刻と終業時刻等を報告することで労働時間を把握していたこと、作業結果について写真を通して事実か否か検証できたことが重視されていたと考えられます。

　阪急トラベルサポート（派遣添乗員・第2）事件・最判平成26年1月24日は、「添乗日報によって、業務の遂行の状況等の詳細かつ正確な報告を求めているところ、その報告の内容については、ツアー参加者のアンケートを参照することや関係者に問合せをすることによってその正確性を確認することができるものになっている」と指摘して、事業場外みなし労働時間制の適用を否定しました。ここでも、単に報告を義務付けているかどうかを検討しているのではなく、報告の具体性と検証可能性がセットで議論されています。

b. 事業場外みなし労働時間制の適用を肯定した裁判例

　ナック事件・東京地判平成30年1月5日は、「⑤個々の訪問を終えた後は、携帯電話の電子メールや電話で結果が報告されていたが、書面による出張報告書の内容は簡易で、訪問状況が網羅的かつ具体的に報告されていたわけではなく、特に原告に関しては、出張報告書に顧客のスタンプがあっても本当に訪問の事実があったことを客観的に保証する効果はなかったこと、⑥出張報告書の内容は、添付された交通費等の精算に関する領収書に日時の記載があれば移動の事実やそれに関連する日時は確認できるが、それ以外の内容の客観的な確認は困難であり、被告から訪問先の顧客に毎回照会することも現実的ではないこと」を指摘して、事業場外みなし労働時間制の適用を肯定しました。事後的に業務内容を報告することを義務付けただけで、事業場外みなし労働時間制の適用が否定されるわけではありません。上記ナック事件・東京地判平成30年1月5日は、不特定多数の営業先（工務店）への訪問が行われた事案であり、訪問先の顧客に毎回問い合わせをす

ることが現実的ではないことが考慮されています。

　ヒロセ電機事件・東京地判平成 25 年 5 月 22 日も「事後的にも、何時から何時までどのような業務を行っていたかについて、具体的な報告をさせているわけでもないこと」を指摘して、事業場外みなし労働時間制の適用を認めました。この判決では、検証可能性について言及されていませんが、具体的な報告をさせていない場合、検証可能性も否定されることが多いと考えられます。

c. 検　討

　以上の通り、過去の裁判例では、従業員の報告を通して事後的に労働時間の把握をすることは可能かどうかが考慮されています。在宅勤務の場合も、従事した具体的な業務を何時から何時まで行っていたかを電子メール等で詳細に報告させており、かつ、従業員の報告を通して報告の内容が事実かどうかを確認することが可能な場合、事業場外みなし労働時間制の適用が否定される可能性が高いといえます。

　他方、単に当日に何を行ったかを報告させていた場合、それだけで事業場外みなし労働時間制の適用が否定されることはありません。

　カメラ付きパソコンのカメラ機能や在宅勤務者のパソコン画面を共有するソフトウェアなどを利用することで、技術的には在宅勤務者の業務内容を把握することができるため、労働時間の把握は困難ではないという見解も考えられます。

　しかし、「携帯電話等の情報通信機器の活用や労働者からの詳細な自己申告の方法によれば労働時間の算定が可能であっても事業場外労働みなし制の適用のためには労働時間の算定が不可能であることまでは要さないから、その方法の実施（正確性の確認を含む。）に過重な経済的負担を要する、煩瑣に過ぎるといった合理的な理由があるときは『労働時間を算定し難いとき』に当たる」とされています（ナック事件・

東京地判平成 30 年 1 月 5 日）。1 日中、カメラで在宅勤務者が仕事をしているかどうか監視したり、在宅勤務者の画面をモニタリングしたりすることは現実的とはいえません。単に、カメラやソフトウェアの利用で仕事をしているかどうか把握が可能であるというだけで、事業場外みなし労働時間制の適用が否定されることはないといえます。

　在宅勤務労働全体の実情を困難なく把握することが可能なソフトウェア（例えば、在宅勤務中に仕事をしているかどうか、コンピューターが自動的に判断してくれる）が開発された場合は別ですが、そうでない場合は、カメラによる把握やパソコン画面の共有・閲覧が可能であるという事情だけでは、労働時間の部分的な把握が現実的に可能であることを意味するに留まり、事業場外みなし労働時間制の適用が否定されることはないでしょう。

③　携帯電話、電子メール等の利用状況

　まず、携帯電話を所持して常時電源を入れておき、必要なとき即時に連絡するよう義務付けている場合、事業場外みなし労働時間制の適用が否定される可能性が高いといえます（阪急トラベルサポート（派遣添乗員・第 2）事件・最判平成 26 年 1 月 24 日）。ただし、この最高裁判決は、常時電源を入れておくことを義務付けていることだけを理由に、事業場外みなし労働時間制の適用を否定しているわけではなく、必要なとき即時に連絡するよう義務付けていることを理由に、事業場外みなし労働時間制の適用を否定しています。即時に連絡することを義務付けていないということは、例えば、携帯電話に上司から電話がかかってきてもすぐに出なくてもよく、また、すぐに電話に出なかったからといって、直ちに注意指導の対象とならないということです。メールの例でいうと、上司からのメールを常にチェックする必要はなく、即時に返信しなくても、直ちに注意指導の対象とならないということです。

　また、随時、携帯電話に電話をかけるなどして業務指示をしている場合、基本的に事業場外みなし労働時間制の適用が否定されます（東京地判平成 27 年 11 月 25 日、東京地判平成 24 年 4 月 19 日、東京地判平成 15 年 8 月 11 日）。「随時」を回数で示すのは困難ですが、在宅勤務者に対して上司がその都度、メールや携帯電話で業務指示をした場合、事業場外みなし労働時間制の適用が否定される可能性が高いといえます。例えば、在宅勤務者に対して書類作成業務をその都度メールで指示して、完成した書類をメールで送信させて内容を確認し、必要であれば修正するよう指示をするような場合は、事業場外みなし労働時間制の適用が否定されるでしょう。

8 在宅勤務における事業場外みなし労働時間制導入の視点

　まず、全ての在宅勤務者に事業場外みなし労働時間制の適用が認められるわけではありません。

　前述した通り、過去の裁判例を分析すると、以下の 3 つの条件を満たす必要があります。

① 業務を行う具体的な方法や時間帯について従業員に裁量が認められること。

② 事後的な報告では現実に行われた業務を具体的かつ網羅的に使用者が検証・確認することが困難であること。

③ 業務に携帯電話やノートパソコンを利用する場合、携帯電話やノートパソコンを通じた使用者の指示に従業員が即時に対応することが義務付けられていないこと。

　在宅勤務者を対象とする場合、事業場外みなし労働時間制の対象となる業種は営業職のみではありません。以下の裁量労働制の対象となり得る業務従事者が在宅勤務をする場合、事業場外みなし労働時間制の適用対象とすることが考えられます。

研究開発／システムの分析・開発／新聞・出版の編集者／デザイナー／プロデューサーまたはディレクター／コピーライター／システムコンサルタント／インテリアコーディネーター／ゲーム用ソフトウェアの創作／証券アナリスト／金融商品の開発など

　もちろん、業務を行う具体的な方法や時間帯について、在宅勤務者に裁量が認められるのであれば、これらの職種に限定されません。これらの業種は、以前は事業場外みなし労働時間制の適用対象と考えられていませんでしたが、在宅勤務と組み合わせることにより、事業場外みなし労働時間制の適用対象となり得ます。

　前述した通り、従業員に詳細な報告をさせていたり、パソコン画面等をモニタリングしたりしている場合であっても、それだけで事業場外みなし労働時間制の適用が否定されるわけではありません。

　他方、事業場外みなし労働時間制の適用が否定される事例としては、①何時から何時までどのような業務を行うかスケジュールを管理され、スケジュール通りに業務を行うことが求められている場合、②マニュアル等によりあらかじめ業務の具体的な内容が確定している場合、③特定の業務を何時から何時まで行っていたか報告させ、成果物の提出などを通して報告の内容が事実かどうかを確認することが可能な場合、④携帯電話等を所持して常時電源を入れておき、必要なとき即時に連絡するよう義務付けている場合、⑤電話やメールで頻繁に業務指示をしている場合などが考えられます。

　このように、事業場外みなし労働時間制が適用されるかどうかについては、実質的な検討が必要です。業態や部門を限定する、上司による指示の頻度が高いと考えられる勤続年数が短い者を除外するなどの取扱いは必要であると考えられます。

　繰り返しとなりますが、在宅勤務者＝事業場外みなし労働時間制の適用対象となるという理解は誤りです。前記３つの要件を満たした場合、

事業場外みなし労働時間制の適用対象となりますが、その判断は難しい場合もあります。そのため、対象となる在宅勤務者については、在宅勤務日が事業場外みなし労働時間制の対象となる旨を書面で明示するなどして、労使間の共通の認識とすべきです。本就業規則上も、書面により明示された者を対象としました。

法律上、従業員の同意は不要ですが、所定労働時間のみなしの結果、残業代が支払われないという不利益が生じるため、トラブル回避のためにも、従業員の意向を確認すべきでしょう。

9 労働時間の弾力化

テレワーク（特に在宅勤務）は、働く時間や場所を柔軟に活用することで、ワークライフバランスを図る制度です。

総務省のテレワークの定義では、テレワークを「ICT（情報通信技術）を利用し、時間や場所を有効に活用できる柔軟な働き方」としています。在宅勤務については、「在宅勤務はまず裁量労働制の対象とし、その要件をみたさない場合でも事業場外労働として、時間規制を柔軟化することが在宅勤務の実情に合う」と指摘されています（馬渡淳一郎「ネットワーク化と雇用の多様化」『季刊労働法』189号、平成10年）。

労働時間の観点から、主体的に時間配分や業務遂行の仕方を按分する柔軟な働き方として、①フレックスタイム制、②事業場外みなし労働時間制、③裁量労働制、④高度プロフェッショナル制度があります。

労働基準法に規定されている労働時間制度は、テレワークについても原則として適用されます。例外として、サテライトオフィス勤務は、事業場外みなし労働時間制の適用対象外です。テレワークは労働時間管理が困難になるため、労働時間について従業員に事実上一定の裁量を認めざるを得ないケースが多いと思われます。そのため、テレワークについては、①フレックスタイム制、②事業場外みなし労働時間制、③裁量労

働制、④高度プロフェッショナル制度と組み合わせることを検討すべきです。

【図表3－4】　適用されている労働時間制度（複数回答）―テレワークの種類別―

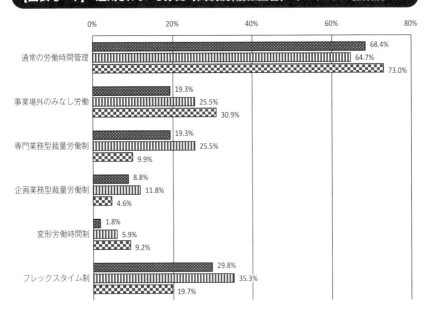

通常の労働時間管理
　68.4%
　64.7%
　73.0%

事業場外のみなし労働
　19.3%
　25.5%
　30.9%

専門業務型裁量労働制
　19.3%
　25.5%
　9.9%

企画業務型裁量労働制
　8.8%
　11.8%
　4.6%

変形労働時間制
　1.8%
　5.9%
　9.2%

フレックスタイム制
　29.8%
　35.3%
　19.7%

■終日在宅勤務（N=57）　Ⅲ 1日の一部在宅勤務（N=51）　▣モバイルワーク（N=152）

（出典）独立行政法人　労働政策研究・研修機構「情報通信機器を利用した多様な働き方の実態に関する調査結果」平成 27 年

①　フレックスタイム制

　フレックスタイム制とは、3 か月以内の期間で総労働時間数を決め、その範囲内で始業時刻と終業時刻を従業員が決定する制度です（労働基準法第 32 条の 3）。フレックスタイム制については、すでに解説しました。

② 事業場外みなし労働時間制

　事業場外みなし労働時間制とは、事業場外で仕事をした場合、労働時間を算定し難いとき、原則として所定労働時間労働したものとみなす制度です（労働基準法第 38 条の 2）。事業場外みなし労働時間制については、すでに解説しました。

③ 裁量労働制

a. 裁量労働制とは

　裁量労働制とは、業務の遂行の方法を大幅に当該業務に従事する労働者の裁量に委ねられる場合、実際の労働時間数にかかわらず労使協定で定めた一定の労働時間数だけ労働したものとみなす制度です（労働基準法第 38 条の 3、第 38 条の 4）。

　労使協定に定めた一定の労働時間は、1 日単位となります（昭和 63 年 3 月 14 日付基発第 150 号）。みなし労働時間数が法定労働時間数を超える場合、36 協定の締結と割増賃金の支払いが必要です。また、みなし労働時間と実際の労働時間が相当程度乖離するのは不適当です（昭和 63 年 3 月 14 日付基発第 150 号、厚生労働省「裁量労働制の運用の適正化に向けた自主点検の結果について公表します」平成 30 年 8 月 7 日）。

　裁量労働制には、専門業務型裁量労働制と企画業務型裁量労働制の 2 種類があります。

　テレワークと裁量労働制に関する厚生労働省の見解は、以下の通りです。

　　裁量労働制が適用される場合には、必要に応じて、業務量が過大又は期限の設定が不適切で労働者から時間配分の決定に関する裁量が事実上失われていないか、みなし時間と当該業務の遂行に必要とされる時間と

に乖離がないか等について労使で確認し、使用者はその結果に応じて業務量等を見直すこと

（出典）厚生労働省「テレワークの適切な導入及び実施の推進のためのガイドライン」令和3年

b. 専門業務型裁量労働制

　専門業務型裁量労働制とは、専門性が高い業務に従事する労働者を労使協定で定めた時間労働したものとみなす制度です（労働基準法第38条の3）。対象となる業務としては、新商品や新技術の研究開発、人文科学や自然科学の研究、情報処理システムの設計、コピーライター、新聞記者等です。

　専門業務型裁量労働制を適用するためには、以下の事項を定めた労使協定を過半数労働組合または過半数代表者との間で締結し、労働基準監督署へ届出をする必要があります。

① 　制度の対象とする業務
② 　対象となる業務遂行の手段や方法、時間配分等に関し労働者に具体的な指示をしないこと
③ 　労働時間としてみなす時間
④ 　対象となる労働者の労働時間の状況に応じて実施する健康・福祉を確保するための措置の具体的な内容
⑤ 　対象となる労働者からの苦情の処理のため実施する措置の具体的な内容
⑥ 　協定の有効期間（※3年以内とすることが望ましい）
⑦ 　④及び⑤に関し、労働者ごとに講じた措置の記録を協定の有効期間及びその期間満了後3年間保存すること

c. 企画業務型裁量労働制

　企画業務型裁量労働制とは、事業運営上の重要な決定が行われる企業の本社などにおいて企画、立案、調査及び分析を行う労働者について、労使委員会の決議で定めた時間労働したものとみなす制度です（労働基準法第 38 条の 4）。対象となる労働者としては、企業の企画部門で経営環境を調査分析し、経営計画を策定する労働者等です。

　企画業務型裁量労働制を適用するためには、事業場ごとに労使委員会を設置し、以下の事項を決議（委員の 5 分の 4 以上の多数決）し、労働基準監督署へ届出をする必要があります。さらに、対象となる労働者の個別の同意も必要になります。

---

① 　その事業場で対象とする業務

② 　対象労働者の範囲

③ 　みなし労働時間

④ 　対象労働者の健康・福祉確保措置（6 か月に 1 回労働基準監督署に定期報告）

⑤ 　対象労働者の苦情処理の措置

⑥ 　本人の同意を得ること及び不同意の労働者に対する不利益取扱いの禁止等

---

④　高度プロフェッショナル制度

a. 高度プロフェッショナル制度とは

　高度プロフェッショナル制度とは、高度の専門的知識等を有し、職務の範囲が明確で一定の年収要件を満たす労働者を対象として、労使委員会の決議（委員の 5 分の 4 以上の多数決）及び労働者本人の書面または電磁的方法による同意を前提として、年間 104 日以上、かつ 4

週間を通じ4日以上の休日確保の措置や健康管理時間の状況に応じた健康・福祉確保措置等を講ずることにより、労働基準法に定められた労働時間、休憩、休日及び深夜の割増賃金に関する規定を適用しない制度です（労働基準法第41条の2）。高度プロフェッショナル制度の対象者については、労働時間の上限規制が適用されず、残業代の支払義務もありません。管理監督者とは異なり、深夜労働に対する割増賃金も支払う必要はありません。

b. 対象となる業務

　高度プロフェッショナル制度の対象となる業務は、以下の業務です。

---

① **金融工学等の知識を用いて行う金融商品の開発の業務**

　金融取引のリスクを減らしてより効率的に利益を得るため、金融工学のほか、統計学、数学、経済学等の知識をもって確率モデル等の作成、更新を行い、これによるシミュレーションの実施、その結果の検証等の技法を駆使した新たな金融商品の開発の業務をいいます。

② **資産運用（指図を含む。以下同じ。）の業務又は有価証券の売買その他の取引の業務のうち、投資判断に基づく資産運用の業務、投資判断に基づく資産運用として行う有価証券の売買その他の取引の業務又は投資判断に基づき自己の計算において行う有価証券の売買その他の取引の業務**

　金融知識等を活用した自らの投資判断に基づく資産運用の業務又は有価証券の売買その他の取引の業務をいいます。

③ **有価証券市場における相場等の動向又は有価証券の価値等の分析、評価又はこれに基づく投資に関する助言の業務**

　有価証券等に関する高度の専門知識と分析技術を応用して分析し、当該分析の結果を踏まえて評価を行い、これら自らの分析又は評価結

果に基づいて運用担当者等に対し有価証券の投資に関する助言を行う業務をいいます。

④　**顧客の事業の運営に関する重要な事項についての調査又は分析及びこれに基づく当該事項に関する考案又は助言の業務**

　企業の事業運営についての調査又は分析を行い、企業に対して事業・業務の再編、人事等社内制度の改革など経営戦略に直結する業務改革案等を提案し、その実現に向けてアドバイスや支援をしていく業務をいいます。

⑤　**新たな技術、商品又は役務の研究開発の業務**

　新たな技術の研究開発、新たな技術を導入して行う管理方法の構築、新素材や新型モデル・サービスの研究開発等の業務をいい、専門的、科学的な知識、技術を有する者によって、新たな知見を得ること又は技術的改善を通じて新たな価値を生み出すことを目的として行われるものをいいます。

（出典）厚生労働省「高度プロフェッショナル制度　わかりやすい解説」
　　　　令和 3 年

c. 労働委員会の決議

　以下の（a）～（j）に定める事項を労働委員会で決議し、労働基準監督署に届出をする必要があります（労働基準法第 41 条の 2 各号）。

　（a）対象業務

　　　ｂの解説を参照してください。

　（b）対象労働者の範囲

　　　対象業務に就かせる労働者で、使用者との書面その他の方法による合意に基づき職務が明確に定められており、1 年間当たりの賃金（勤務成績、成果等に応じて支払われる賞与や業績給等、その支給額があらかじめ確定されていない賃金は含まれません）の額が

1075万円以上である者が対象労働者です（労働基準法施行規則第34条の2第6項）。

(c) 対象労働者の健康管理時間を把握すること及びその把握方法

(d) 対象労働者に年間104日以上、かつ、4週間を通じ4日以上の休日を与えること

(e) 対象労働者の選択的措置

次のいずれかに該当する措置を決議で定め、実施しなければなりません。

・勤務間インターバルの確保（11時間以上）＋深夜業の回数制限（1か月に4回以内）

・事業場内にいた時間＋事業場において仕事をした時間（健康管理時間）の上限措置（1週間当たり40時間を超えた時間について、1か月について100時間以内または3か月について240時間以内とすること）

・1年に1回以上の連続2週間の休日を与えること（本人が請求した場合は連続1週間×2回以上）

・臨時の健康診断（1週間当たり40時間を超えた健康管理時間が1か月当たり80時間を超えた労働者または申し出があった労働者が対象）

(f) 対象労働者の健康管理時間の状況に応じた健康・福祉確保措置

・(e) のいずれかの措置（上記の決議事項 (e) において決議で定めたもの以外）

・医師による面接指導

・代償休日または特別な休暇の付与

・心とからだの健康問題についての相談窓口の設置

・適切な部署への配置転換

・産業医等による助言指導または保健指導

（g）対象労働者の同意の撤回に関する手続

（h）対象労働者の苦情処理措置を実施すること及びその具体的な内容

（ｉ）同意をしなかった労働者に対して不利益な取扱いをしてはならないこと

（ｊ）その他、厚生労働省令（労働基準法施行規則第 34 条の 2 第 15 項）で定める事項（決議の有効期間等）

（休憩時間）

第 9 条　在宅勤務者の休憩時間については、就業規則第●条の定めるところによる。

1 休憩時間とは

　休憩時間とは、「単に作業に従事しない手持時間を含まず労働者が権利として労働から離れることを保障されて居る時間」のことです（昭和 22 年 9 月 13 日付発基第 17 号）。

　休憩については、1 日の労働時間が 6 時間を超える場合は 45 分以上、8 時間を超える場合は 1 時間以上、事業場単位で一斉に与えなければなりません（労働基準法第 34 条 1 項、2 項）。

　例えば、正午から午後 1 時までと決めた場合、その事業場に所属する従業員全員に正午から午後 1 時まで休憩を与えなければならないのが原則です。在宅勤務の場合、自宅は独立した事業場ではないため、オフィス勤務の従業員と同じ時間帯に休憩時間を与えなければならないのが原則です。

　ただし、労使協定を締結すれば、一斉に休憩を与えずに、別の時間帯に休憩時間を与えることも可能です。なお、運送、商店、金融等の 9 業種については、労使協定の締結は不要です（労働基準法第 40 条、労働基準法施行規則第 31 条）。テレワークを行う労働者についても、労使協定

により、休憩時間を別の時間帯とすることが可能です。

　ただし、理論上は在宅勤務者の休憩時間を別にすることが可能だとしても、実際に別にした場合、後述する休憩時間の自由利用において問題が生じます。在宅勤務者とオフィス勤務を行う労働者の休憩時間を別にした場合、休憩時間中にお互いに電話やメール等で業務上の連絡をすることが考えられるからです。特に、場所が離れているため、お互いに休憩を取っているかどうかの確認が困難であり、別々の時間帯とする場合、お互いの休憩時間を把握し、休憩時間中に業務上の連絡をしないことが必要となります。

② 休憩時間の自由利用

　労働基準法第34条3項により、「使用者は、第一項の休憩時間を自由に利用させなければならない」とされています。

　休憩時間中であれば、在宅勤務中の労働者が自宅から外に出ることやサテライトオフィスから外に出ることは自由です。例えば、在宅勤務者が昼休憩の間に、夕食の食材をスーパーに買いに行ったり、テレビを見たりしていても差し支えありません。

　この点について、厚生労働省の「情報通信技術を利用した事業場外勤務の適切な導入及び実施のためのガイドライン」（旧ガイドライン）では「テレワークを行う労働者について、本来休憩時間とされていた時間に使用者が出社を求める等具体的な業務のために就業場所間の移動を命じた場合、当該移動は労働時間と考えられるため、別途休憩時間を確保する必要があることに留意する必要がある」としていました。

　移動時間が労働時間に当たるかどうかについては、移動時間中に業務に従事するよう指示をしていない場合、会社が自宅からオフィスまでの移動を命じた場合であっても、その移動時間は労働時間に当たらないと考えられます。したがって、本来、休憩時間とされていた時間に使用者

が出社を求めた場合、一律に労働時間に当たるという旧ガイドラインの見解は正確ではありません。現行のガイドラインでは、旧ガイドラインの前記の記述は削除されています。

　労働基準法第34条3項に定める休憩時間の自由利用は、単なる労働からの完全な解放以上の要請も含みます。そのため、労働と評価される場合ではなくても、労働者の行動の自由を実質的に制約する場合は、労働基準法第34条2項に違反すると考えられます。労働基準法第34条3項により、休憩時間中は、事業場の規律保持や施設管理上の制約を除き、移動の自由が保障されると考えるべきです。したがって、休憩時間とされていた時間に移動を求めた場合、業務に従事していなければ、その時間は労働時間には該当しませんが、移動の自由が制約されるため、労働基準法第34条2項に違反すると考えます。在宅勤務者に対して、休憩時間中に移動させた場合、別途、休憩時間を確保する必要があるという理解が正しいと考えられます。

3　在宅勤務中のいわゆる中抜け時間について

　在宅勤務者が、一定程度、業務から離れる時間が生じると考えられるため、このような中抜け時間を申告させ、休憩時間として取り扱うことも考えられます。

　法的には、休憩時間を何時から何時までと特定する必要はありません。また、労使協定を締結して、在宅勤務を行う労働者については、休憩時間を自主的に決定させることも可能です。

　在宅勤務中の中抜け時間に関する厚生労働省の見解は、以下の通りです。

　テレワークに際しては、一定程度労働者が業務から離れる時間が生じることが考えられる。

　このような中抜け時間については、労働基準法上、使用者は把握する

こととしても、把握せずに始業及び終業の時刻のみを把握することとしても、いずれでもよい。

テレワーク中の中抜け時間を把握する場合、その方法として、例えば一日の終業時に、労働者から報告させることが考えられる。

また、テレワーク中の中抜け時間の取扱いとしては、

① 中抜け時間を把握する場合には、休憩時間として取り扱い終業時刻を繰り下げたり、時間単位の年次有給休暇として取り扱う

② 中抜け時間を把握しない場合には、始業及び終業の時刻の間の時間について、休憩時間を除き労働時間として取り扱う

ことなどが考えられる。

これらの中抜け時間の取扱いについては、あらかじめ使用者が就業規則等において定めておくことが重要である。

（出典）厚生労働省「テレワークの適切な導入及び実施の推進のためのガイドライン」令和3年

在宅勤務などのテレワークをする労働者とオフィス勤務の労働者は、場所的に離れているため、休憩を取っているかどうかの確認は困難です。在宅勤務などのテレワークをする労働者が自由に休憩時間を決定するのであれば、事前に休憩時間について共有しなければ、休憩時間中に業務上の連絡をすること等を防ぐことができません。休憩時間を事前に共有するのが困難なのであれば、中抜け時間を申告させて休憩時間として取り扱うのは望ましくないと考えます。

なお、ワークライフバランスの観点から必要性がある場合は、まず時間単位の年次有給休暇を認める方向で検討した方が望ましいといえます。

（所定休日）

第 10 条　在宅勤務者の休日については、就業規則第●条の定める

ところによる。

1 労働基準法が求める休日

　労働基準法第 35 条 1 項によれば、「使用者は、労働者に対して、毎週少くとも一回の休日を与えなければならない」とされています。ただし、この週休 1 日制の原則については、4 週間を通じ 4 日以上の休日を与えた場合、適用されません（労働基準法第 35 条 2 項）。4 週間を通じ 4 日以上の休日を与える場合、就業規則等で 4 週間の起算日を定める必要があります（労働基準法施行規則第 12 条の 2 第 2 項）。

　労働基準法第 35 条が定める週 1 日または 4 週 4 日の休日を「法定休日」といいます。法定休日に労働させる場合は、36 協定の締結と 1.35 倍の割増賃金の支払義務の規制があります（労働基準法第 37 条 1 項）。

　週休 2 日制の会社が多い傾向がありますが、法律上は週休 1 日制で問題ありません。しかし、週休 1 日で 1 日単位での所定労働時間を 8 時間とすると、週 48 時間労働になり、1 週間単位での法定労働時間を超えてしまいます。そのため、実際には多くの会社で週休 2 日や国民の祝日を休日としており、労働基準法の法定休日を上回る日数を休日としています。会社が就業規則等で定めた休日を「所定休日」といいます。

2 休日の特定

　法律上、休日をいずれかの曜日に特定する必要はなく、日曜日である必要もありません（昭和 23 年 5 月 5 日付基発 682 号）。ただし、運用上は、何曜日が休日かを就業規則等で事前に明示した方が望ましく、特に法定休日については就業規則等で何曜日を法定休日とするかを明確にするの

が望ましいとされています（平成6年1月4日付基発第1号）。

●時間外及び休日労働等に制限を設けるパターン

（時間外及び休日労働等）

第11条 所定休日における在宅勤務は、原則として認めない。ただし、やむを得ない事由がある場合、所属長に電子メールで申請した上で、前日までに所属長の許可を得なければならない。

2　在宅勤務日の深夜労働は、原則として認めない。ただし、やむを得ない事由がある場合、所属長に電子メールで申請した上で、午後9時までに所属長から許可を得なければならない。

3　在宅勤務者が在宅勤務日に時間外労働する場合、所属長に電子メールで申請した上で、終業時刻が終了する1時間前までに所属長から許可を得なければならない。在宅勤務者の在宅勤務日における時間外労働の上限時間は、原則として1日2時間とする。

4　前各項の規定にかかわらず、会社は、業務上の必要性がある場合、所定休日労働、深夜労働、時間外労働（1日2時間を超える時間外労働を含む）を命じることができる。

1 労働基準法上の時間外労働と休日労働

時間外労働とは、1日8時間または1週40時間（特例事業場については1週44時間）を超える労働のことです。

また、一般的に考えられている「残業」と法律上の「時間外労働」が異なっている場合があります。例えば、始業時刻が午前9時、休憩時間が正午〜午後1時、終業時刻が午後5時30分の会社（所定労働時間は7時間30分）の場合、午前9時に始業し午後6時に終業した労働者（実労働時間は8時間）については、1日8時間を超えていないため、法律上の時間外労働はなしとなります。

休日労働とは、法定休日における労働のことです。

時間外労働と休日労働については、労使協定（いわゆる 36 協定）の締結・届出（労働基準法第 33 条に定める非常事由による場合、労使協定の締結・届出は不要）と割増賃金の支払いが必要です（労働基準法第 36 条 1 項、第 37 条 1 項）。

2 時間外労働の上限

時間外労働や休日労働については、36 協定で定めた時間数または日数を超えてさせることはできません。

従前は、36 協定で定めた時間数に法律上の上限はありませんでしたが、平成 30 年の法改正により、労働時間数に上限が設けられました。現在の適用されるルールをまとめると、以下の通りです。

【図表 3-5】　時間外労働に関する 5 つのルール

ルール 1	時間外労働や休日労働をさせる場合、全ての事業場について「36 協定」の締結が必要（労働基準法第 36 条 1 項）
ルール 2	「36 協定」を締結した場合も、通常時の時間外労働は月 45 時間、年 360 時間以内にする（労働基準法第 36 条 4 項）
ルール 3	「36 協定」に「特別条項」を設ける場合は、年 6 回まで、月 45 時間を超える時間外労働が許容される（労働基準法第 36 条 5 項後段）
ルール 4	「特別条項」があっても、「時間外労働＋休日労働」の合計は月 100 時間未満、時間外労働は年 720 時間以内にする（労働基準法第 36 条 5 項前段、第 36 条 6 項 2 号）
ルール 5	「特別条項」があっても「『時間外労働＋休日労働』は複数月を平均して 80 時間まで」の規制も守る必要がある（労働基準法第 36 条 6 項 3 号）

ルール4の「時間外労働＋休日労働」の合計が月100時間未満という規制や、ルール5の「『時間外労働＋休日労働』は複数月を平均して80時間まで」という規制は、労災補償における過労死認定基準に合わせた上限です。これらの時間を超えて仕事をさせた場合、基本的には労災が認定されます。

時間外労働の上限については、建設業、自動車運転者、医師などについて、令和6年3月31日まで適用が猶予されています。また、高度プロフェッショナル制度が適用される高収入（年収1075万円以上）の従業員については、残業規制の適用はありません（労働基準法第41条の2）。

3 時間外労働・休日労働・深夜労働の割増賃金

時間外労働、休日労働、深夜労働（午後10時から午前5時まで）をさせた場合、割増賃金を支払う必要があります。令和2年4月1日以降に支払期日が到来する全ての労働者の賃金請求権の消滅時効は、3年間です。なお、令和2年3月31日以前に支払期日が到来する全ての労働者の賃金請求権の消滅時効は、2年間です。

中小企業については、60時間を超えた時間外労働でも割増率は25％とされています（令和5年3月31日まで）。

割増賃金の割増率や中小企業の定義は、図表3－6、図表3－7の通りです。

4 所定休日労働と深夜労働の原則禁止（第11条1項、2項）

1項と2項では、所定休日労働と深夜労働を原則として禁止しました。なお、裁量労働制や事業場外みなし労働時間制の適用対象となる場合も、所定休日労働や深夜労働が行われた場合、その分の賃金を支払わなければなりません。

在宅勤務の場合、会社として従業員が残業しているかを確認すること

【図表3-6】　割増賃金の割増率

労働時間の種類	割増率
60時間以内の時間外労働	25％以上
60時間超の時間外労働	50％以上（ただし、中小企業については25％以上）
深夜労働	25％以上
休日労働	35％以上

【図表3-7】　猶予措置が適用される中小企業の定義

業　種	資本金の額または出資の総額		常時使用する労働者数
小売業	5,000万円以下		50人以下
サービス業	5,000万円以下	または	100人以下
卸売業	1億円以下		100人以下
その他（製造業、建設業、運輸業、その他）	3億円以下		300人以下

（出典）厚生労働省「時間外労働の上限規制　わかりやすい解説」令和3年

は困難です。ガイドラインでも、テレワークについて「労働者が使用者と離れた場所で勤務をするため相対的に使用者の管理の程度が弱くなる」「業務に関する指示や報告が時間帯にかかわらず行われやすくなり、労働者の仕事と生活の時間の区別が曖昧となり、労働者の生活時間帯の確保に支障が生ずる」おそれがあると指摘し、長時間労働対策の必要性に言及しています（ガイドライン・13頁）。

　特に所定休日や深夜時間帯については、上司が業務管理をすることは

困難であり、従業員の健康に配慮する観点からしても、原則禁止とする
ことも検討する必要があります。なお、在宅勤務日の残業自体は一定時
間認めるため、所定休日労働と深夜労働を原則禁止としても、業務上そ
れほど大きな支障は生じないと考えられます。

そこで、所定休日労働と深夜労働を原則として禁止にした上で、やむ
を得ない場合に限り、事前承認により認めることにしています。

5 残業禁止について

前述した通り、就業規則上、休日労働と深夜労働を原則禁止にしてい
ますが、在宅勤務者がこれに違反して就労した場合、労働時間に当たる
かどうかという問題があります。

結論的には、単に休日労働と深夜労働を禁止していても、黙示の指示
が認められる場合、労働時間に当たります。

ミューズ音楽院事件・東京高判平成17年3月30日は、「労働時間とは、
労働者が使用者の指揮命令下にある時間又は使用者の明示又は黙示の指
示により業務に従事する時間であると解すべきものである。したがって、
使用者の明示の残業禁止の業務命令に反して、労働者が時間外又は深夜
にわたり業務を行ったとしても、これを賃金算定の対象となる労働時間
と解することはできない」としていますが、この事案では、残務がある
場合には役職者に引き継ぐことを命じていたため、黙示の指示すら否定
されたと考えることができます。単に残業禁止命令が出されていただけ
で、労働時間に当たらないと判断した例ではありません。

黙示の指示をした場合も労働時間に当たるのだとしても、使用者の指
示は必要です。在宅勤務者が勝手に自宅で休日や深夜に仕事をしたので
あれば、それだけで、労働時間に当たるというわけではありません。

黙示の指示とは、「使用者の具体的に指示した仕事が、客観的にみて
正規の勤務時間内ではなされ得ないと認められるような場合」です（昭

和25年9月14日付基収2983号）。厚生労働省の旧ガイドラインでも、労働時間に該当するか否かについて「当該労働者の当日の業務量が過大である場合や期限の設定が不適切である場合等、時間外等に労働せざるを得ないような使用者からの黙示の指揮命令があった」かどうかが考慮されていました（旧ガイドライン・9頁）。すなわち、一定の期限を設けて業務指示をしたとき、その業務が休日労働や深夜労働をしなければこなせないような場合、たとえ就業規則上、休日労働や深夜労働を禁止していたとしても、黙示の指揮命令が認められます。

　医療法人徳洲会事件・大阪地判平成15年4月25日においても、医事課職員の「レセプトの作成やそのために関連する作業については病棟担当業務及び外来業務を通じて提出期限が毎月10日（労災保険関係は12日）とされたほか、（中略）入退院に関連した業務、又は外来業務における各業務についても、毎日の通院患者等を処理しなければならない以上、遅滞させることは許されなかったのであるから、これらの業務に関して原告が所定労働時間外に勤務してそれらを処理することは命令権者において当然容認されていたというべきであり、原告の時間外労働については被告の黙示の業務命令に基づくものと評価できる」と判断されています。

　なお、本規定第11条3項では、一切の残業を禁止しているのではなく、1日2時間の残業は認めています。この場合、1日2時間の残業ではこなしきれず、休日労働と深夜労働せざるを得ないような期限設定がされたときに、初めて黙示の指揮命令の有無が問題になると思われます。

6 自己申告制と黙示の残業命令

　次に、在宅勤務者に労働時間の自己申告制を採用した場合、黙示の残業命令により、申告されていない時間が労働時間と判断されることはあるのでしょうか。

現行のガイドラインでは、黙示の残業命令について言及はありません。ガイドラインでは、労働時間の自己申告制を採用する場合、申告された労働時間が実際の労働時間と異なることを、客観的事実（申告された時間以外の時間にメールが送信されている、申告された始業・終業時刻以外の時間で長時間パソコンが起動していた記録がある等）により使用者が認識していない場合には、当該申告された労働時間に基づき時間外労働の上限規制を遵守し、かつ、同労働時間をもとに賃金の支払等を行っていれば足りるとされています（ガイドライン・11頁）。

では、当該労働者の当日の業務量が過大である場合や期限の設定が不適切である場合等についても、申告された労働時間が実際の労働時間と異なることを、客観的事実により使用者が認識していない限り、労働時間に該当しないのでしょうか。

例えば、以下のような事例の場合です。

【事 例】
　会社は、在宅勤務者に対して、期限までに仕事を完了させるためには時間外労働をしなければこなせないような仕事を指示した。就業規則上、時間外労働が禁止されているため、在宅勤務者は会社に対して残業なしと申告した。しかし、実際は月80時間以上残業していた。在宅勤務者はパソコンで業務に従事していたが、会社はパソコンに記録された時刻を確認していなかった。

本事例のように、労働者の当日の業務量が過大である場合や期限の設定が不適切である場合等、時間外等に労働せざるを得ないような客観的事情があれば、自己申告がされていないときでも、黙示の残業命令により、原則として時間外労働が認められることになると思われます。

例えば、大阪地判平成16年10月22日では、本事例と同様に、所定

労働時間内に終了できない業務を与え、従業員の時間外労働の申告を抑制していた事案で、所定の手続で時間外労働の自己申告がされていない場合であっても、時間外労働を認めています。事例のような場合は、ガイドラインの記載をそのまま当てはめるのは不適切です。

　労働時間に当たるかどうかは、具体的な事案の事情に応じて判断されるものです。現行のガイドラインの記載は、①適正な自己申告制が機能し、②黙示の残業命令が認められないような事案を前提としていると理解すべきです。例えば、在宅勤務中に翌日にすればすむような仕事を当日の時間外にして、会社に残業報告をしていないという場合、仕事に従事した時間は労働時間に当たらないと考えられます。このような一定の限定された状況のもとでは、ガイドラインの結論は正しいと思われます。

7 時間外労働の承認制（第11条3項）

　3項では、時間外労働については事前承認制とした上で、その上限を1日原則2時間としました。

　所定休日労働や深夜労働と異なり、一切の時間外労働を禁止するのは現実的ではないため、1日2時間の残業を認める規定にしています。通常時の時間外労働は月45時間以内であり、在宅勤務日のみ長時間労働となることは妥当ではありません。そのため、1日単位での残業時間の上限を原則2時間としています。

　この点について旧ガイドラインでは、「労働者からの事前の申告に上限時間が設けられて」いないことを求める記載がありましたが（旧ガイドライン・9頁）、長時間労働の抑制の観点から、ルールとして原則的な労働時間の上限を定めることは必要であると考えられます。

8 残業の事前承認制について

　テレワークについて、就業規則上、事前承認制を採用していた場合、

承認を得ずに残業をした時間は、労働時間に当たるかどうかという問題があります。

　まず、就業規則に事前承認がない限り時間外労働を認めないという規定を定めただけで、労働時間に当たることが否定されるわけではありません。事前承認を定める旨の規定は、不当な時間外手当の支払いがされないようにするための工夫を定めたものにすぎず、業務命令に基づいて実際に時間外労働がされたことが認められる場合であっても、事前承認が行われていないときには、時間外手当の請求権が失われる旨を意味する規定ではないからです（大阪地判平成18年10月6日）。

　前記**6**と同様に、承認を得ずに残業をした場合であっても、明示または黙示の残業指示をしたときは労働時間に当たると考えられます。ただし、使用者の指示は必要ですので、勝手に仕事をした時間が労働時間に当たるわけではありません。

　長野地判平成24年12月21日は、事前承認制が採用されていても、上司が業務を止め退出するように指導したにもかかわらず、あえてそれに反して労働を継続したという事実がない限り、労働時間に当たると判断していますが、これは事業場内で仕事をしているかどうか、上司が直接確認できるからです。

　テレワークの場合、仕事を継続しているかどうか上司が直接的に確認することが困難です。そのため、上司が従業員に対して仕事をしているかどうか確認して、仕事を止めるように指導する必要はありません。従業員が会社に承認を得ずに勝手に残業をしていた場合、黙示の残業指示（労働者の当日の業務量が過大である場合や期限の設定が不適切である場合）をしていない限り、労働時間に当たらないと考えます。

9 テレワークを行う場合の長時間労働対策

　これまで繰り返し述べてきた通り、テレワークは労働時間の管理が困

難であり、オフィス勤務と比較して長時間労働を招く恐れが高く、従業員の生命・健康を守るためには、長時間労働を防止する必要があります。

①　労働基準法上の時間外休日労働の上限

前述した通り、法改正により時間外休日労働の上限が定められており、これを遵守しなければなりません。

①　「36協定」を締結した場合も通常時の時間外労働は月45時間、年360時間以内（労働基準法第36条4項）

②　「36協定」に「特別条項」を設ける場合は、年6回まで月45時間を超える時間外労働が許容される（労働基準法第36条5項後段）

③　「特別条項」があっても、「時間外労働＋休日労働」はトータルで月100時間未満、時間外労働は年720時間以内（労働基準法第36条5項前段、第36条6項2号）

④　特別条項があっても「『時間外労働＋休日労働』は複数月を平均して80時間まで」の規制も守る必要がある（労働基準法第36条6項3号）

②　脳・心臓疾患と長時間労働との関係

厚生労働省「脳血管疾患及び虚血性心疾患等（負傷に起因するものを除く。）の認定基準について」（令和2年）によれば、①脳・心臓疾患の発症に影響を及ぼす業務による明らかな過重負荷として、長期間にわたる疲労の蓄積を考慮すること、②①の評価期間は発症前おおむね6か月間であること、③業務の過重性を評価するための具体的負荷要因として、労働時間、不規則な勤務、交替制勤務・深夜勤務、作業環境、精神的緊張を伴う業務等があること、④特に労働時間の長さは、業務量の大きさを示す指標であり、また、過重性の評価の最も重要な要因であるため、評価期間における労働時間については、十分に考慮すること、とさ

れています。

　労働時間については、以下の通りです。

---

①　発症前1か月間ないし6か月間にわたって、1か月当たりおおむね
　45時間を超える時間外労働が認められない場合は、業務と発症との関
　連性が弱いが、おおむね45時間を超えて時間外労働時間が長くなる
　ほど、業務と発症との関連性が徐々に強まると評価できること
②　発症前1か月間におおむね100時間又は発症前2か月間ないし6か
　月間にわたって、1か月当たりおおむね80時間を超える時間外労働が
　認められる場合は、業務と発症との関連性が強いと評価できることを
　踏まえて判断すること。
　ここでいう時間外労働時間数は、1週間当たり40時間を超えて労働し
た時間数である。
　また、休日のない連続勤務が長く続くほど業務と発症との関連性をよ
り強めるものであり、逆に、休日が十分確保されている場合は、疲労は
回復ないし回復傾向を示すものである。
（出典）厚生労働省「脳血管疾患及び虚血性心疾患等（負傷に起因する
　　　　ものを除く。）の認定基準について」令和2年

　上記②の基準（直近1か月100時間または複数月平均80時間）を超え
て時間外労働に従事させた場合は基本的に労災と判断され、かつ、会社
の健康配慮義務違反も肯定される傾向にあります。つまり、直近1か
月100時間または複数月平均80時間を超えて残業させている状況下で、
従業員の健康が害された場合、会社の責任になる可能性が高いというこ
とです。

　なお、一定のストレス要因を付加するのみで、月50時間～65時間
を超える場合、労災を認める例も少なくないと指摘されており、月100

時間、複数月 80 時間の基準というのは最低限の基準と考えるべきです。

　業務の過重性の具体的な評価に際しては、「不規則な勤務」かどうかが考慮されます。「不規則な勤務」とは、予定された業務スケジュールの変更の頻度・程度、事前の通知状況、予測の度合、業務内容の変更の程度等の観点から検討し、評価することとされています。在宅勤務日の当日に、オフィスに出社を求めることが常態化している場合などは、「不規則な勤務」に該当し得ると考えられます。

③　うつ病等の精神障害と長時間労働との関係

　うつ病等の精神障害の発症も、長時間労働が有力な原因の一つと考えられています。

　「心理的負荷による精神障害の認定基準」によれば、①発病直前の 1 か月におおむね 160 時間を超えるような時間外労働を行った場合、②発症直前の 3 週間におおむね 120 時間以上を超えるような時間外労働を行った場合、③発症直前の 6 か月間に月 100 時間を超えるような時間外労働を行った場合、心理的負荷が「強」と判断され、基本的に労災認定がされることになります。

④　テレワークの長時間労働対策

　会社としては、前記①～③で示された時間外労働をさせないことに加えて、月間の残業時間を 45 時間以内に抑えることを目標とすべきです。テレワークの長時間労働の具体的な対応策としては、以下の通りです。

（ア）メール送付の抑制等

　テレワークにおいて長時間労働が生じる要因として、時間外等に業務に関する指示や報告がメール等によって行われることが挙げられる。

　このため、役職者、上司、同僚、部下等から時間外等にメールを送付

することの自粛を命ずること等が有効である。メールのみならず電話等での方法によるものも含め、時間外等における業務の指示や報告の在り方について、業務上の必要性、指示や報告が行われた場合の労働者の対応の要否等について、各事業場の実情に応じ、使用者がルールを設けることも考えられる。

（イ）システムへのアクセス制限

　テレワークを行う際に、企業等の社内システムに外部のパソコン等からアクセスする形態をとる場合が多いが、所定外深夜・休日は事前に許可を得ない限りアクセスできないよう使用者が設定することが有効である。

（ウ）時間外・休日・所定外深夜労働についての手続

　通常のオフィス勤務の場合と同様に、業務の効率化やワークライフバランスの実現の観点からテレワークを導入する場合にも、その趣旨を踏まえ、労使の合意により、時間外等の労働が可能な時間帯や時間数をあらかじめ使用者が設定することも有効である。この場合には、労使双方において、テレワークの趣旨を十分に共有するとともに、使用者が、テレワークにおける時間外等の労働に関して、一定の時間帯や時間数の設定を行う場合があること、時間外等の労働を行う場合の手続等を就業規則等に明記しておくことや、テレワークを行う労働者に対して、書面等により明示しておくことが有効である。

（エ）長時間労働等を行う労働者への注意喚起

　テレワークにより長時間労働が生じるおそれのある労働者や、休日・所定外深夜労働が生じた労働者に対して、使用者が注意喚起を行うことが有効である。

　具体的には、管理者が労働時間の記録を踏まえて行う方法や、労務管

理のシステムを活用して対象者に自動で警告を表示するような方法が考えられる。

（オ）その他

　このほか、勤務間インターバル制度はテレワークにおいても長時間労働を抑制するための手段の一つとして考えられ、この制度を利用することも考えられる。

（出典）厚生労働省「テレワークの適切な導入及び実施の推進のためのガイドライン」令和 3 年

　前記（ア）のメール送付の抑制については、オフィス勤務者と在宅勤務者の休憩時間を合わせた方が良いでしょう。

　前記（ウ）のテレワークを行う際の時間外労働・休日労働・深夜労働の原則禁止等については、本規則にも反映されています。

　前記（オ）の勤務間インターバル制度とは、勤務終了後、一定時間以上の「休息時間」を設けることで、生活時間や睡眠時間を確保するものです（労働時間等の設定の改善に関する特別措置法第 2 条 1 項）。日本では法的な義務ではありませんが、EU 主要国では、勤務終了後、少なくとも 11 時間は就労できないことになっています。例えば、勤務間インターバルを 11 時間とした場合、午後 11 時まで仕事をしたときは、翌日の始業時刻は午前 10 時以降となります。

●就業規則を準用するパターン

（時間外及び休日労働等）

第 11 条　在宅勤務時の時間外、休日及び深夜労働については、就業規則第●条の定めるところによる。

この条項は、在宅勤務者の時間外、休日及び深夜労働について禁止制限をせず、オフィス勤務者同様のルールとするものです。ただし、時間外、休日及び深夜労働を原則禁止しないのであれば、ガイドラインに記載された他の手段で長時間労働を抑制するのが望ましいといえます。

　例えば、時間外、休日または深夜に業務に係る指示を行わないこと、一定の時間になったらパソコン画面上にポップアップを表示し、必要に応じて上司に残業の理由と時間を申請するようなシステムを導入することが考えられます。

（欠勤等）

第12条　在宅勤務者が在宅勤務日に、私用で遅刻、早退もしくは欠勤をし、勤務を一部中断することは認めない。たとえ短時間であっても、勤務時間中は休憩時間を除き、私用メール、私用外出、業務外ウェブサイト閲覧、育児・家事等の私的行為は認めない。

2　在宅勤務者が、遅刻、早退もしくは欠勤をし、勤務を一部中断する場合は、事前に申し出て許可を得なくてはならない。ただし、やむを得ない事情で事前に申し出ることができなかった場合は、事後速やかに届け出なければならない。

3　前項の遅刻、早退もしくは欠勤、勤務を一部中断した場合の賃金については、賃金規程第●条の定めるところによる。

4　前項の規定にかかわらず、フレックスタイム制の適用対象者が遅刻、早退もしくは欠勤、勤務を一部中断した場合の賃金については、労使協定に定めるところによる。

5　第1項から第3項の規定にかかわらず、事業場外みなし労働時間制の適用対象者の在宅勤務日の勤務の一部中断については、欠勤の場合の賃金を除き、労働条件通知書等の書面で定める。

6　裁量労働制の適用対象者の遅刻、早退、勤務の一部中断につい

ては、欠勤の場合の賃金を除き、第1項から第3項の規定を適用
しない。

7　高度プロフェッショナル制度の適用対象者の遅刻、早退、勤務
の一部中断については、欠勤の場合の賃金を除き、第1項から第
3項の規定を適用しない。

1　欠勤等の取り扱い

本条では、在宅勤務者の遅刻、早退もしくは欠勤、勤務の一部中断に
ついて定めたものです。勤務の一部中断については、ガイドラインにも
「中抜け時間の取扱いについては、あらかじめ使用者が就業規則等にお
いて定めておくことが重要である。」とされています（ガイドライン・12
頁）。適用される労働時間制ごとに勤務の一部中断を認めるかどうかを
個別具体的に就業規則に記載することが望ましいといえます。

2　在宅勤務者は、決められた労働時間、業務に従事しなければならない（第12条1項）

1項では、在宅勤務者が私用で遅刻、早退もしくは欠勤をし、勤務を
一部中断することを禁止しています。

通常の労働時間制では、就業規則上の所定労働時間中、休憩時間を除
き、業務に従事するのが原則です。なぜなら、労働者は所定労働時間中、
その労働力を経営者に提供しているため、仕事に専念する義務があり、
仕事以外のことに時間を使うことはできないからです。

在宅勤務者についても、仕事を中断してテレビを見たり、子育てや家
事をしたりすることはできません。1分単位で賃金が発生している以上、
これは当然のルールです。例えば、在宅勤務者が就業時間中に保育園に
預けている子どもが熱を出して通常より早く迎えに行くことは、服務規

律違反や労働契約違反の問題が生じます。

　在宅勤務者について、1分単位で労働時間を管理することが適切ではない場合、フレックスタイム制、事業場外みなし労働時間制、裁量労働制、高度プロフェッショナル制度等の導入を検討すべきです。これらの制度を導入しない場合、原則として就業規則に定めた始業時刻、終業時刻、休憩時間に拘束されます。

　この点について、グレイワールドワイド事件・東京地判平成15年9月22日は、「労働者は、労働契約上の義務として就業時間中は職務に専念すべき義務を負っているが、労働者といえども個人として社会生活を送っている以上、就業時間中に外部と連絡をとることが一切許されないわけではなく、就業規則等に特段の定めがない限り、職務遂行の支障とならず、使用者に過度の経済的負担をかけないなど社会通念上相当と認められる限度で使用者のパソコン等を利用して私用メールを送受信しても上記職務専念義務に違反するものではないと考えられる。」と判断しました。この判決は、就業規則に私用メールが明確に禁止されていない事案で、1日2通程度であれば私用メールを送信しても懲戒事由に該当しないと判断しています。

　仮に、会社として在宅勤務中に私用メール、私用外出、業務外ウェブサイト閲覧、育児・家事等で業務を中断することが望ましくないと考えているのであれば、在宅勤務中は、休憩時間を除き私的行為は一切許さない等の明確なルールを設定すべきです。

　限度を超えない範囲で私的行為を許容するということであれば、通常の労働時間制ではなく、事業場外みなし労働時間制、裁量労働制、高度プロフェッショナル制度等の導入を検討すべきです。

3 遅刻、早退もしくは欠勤、勤務の一部中断の許可制（第12条2項）

　2項は、許可を得ない遅刻、早退もしくは欠勤、勤務の一部中断を許

さない旨の規定です。

　フレックスタイム制、事業場外みなし労働時間制、裁量労働制、高度プロフェッショナル制度を導入しない場合、在宅勤務者は、就業規則所定の始業時刻、終業時刻、休憩時間に拘束されます。そのため、始業時刻、終業時刻、休憩時間を変更する場合、会社の許可が必要であり、会社の許可を得ずに始業時刻、終業時刻、休憩時間を変更した場合は無断欠勤、無断遅刻となり、懲戒処分の対象となります。

4　賃金規程の定め（第12条3項）

　3項は、遅刻、早退もしくは欠勤、勤務を一部中断した場合、賃金規程の定めに従うとされています。仕事をしていない時間は、その時間に対応する賃金を支払う必要はありません（ノーワーク・ノーペイの原則）。ただし、賃金規程でこれと異なるルールを定めることはできます。

5　フレックスタイム制（第12条4項）

①　始業時刻・終業時刻について

　フレキシブルタイムの範囲内で、始業時刻と終業時刻は、従業員が自由に決めることができます。フレキシブルタイムの範囲内であれば、遅刻、早退という概念はなく、会社の承認や許可も不要です。

　例えば、フレキシブルタイムが午前7時〜午前11時と午後3時〜午後8時、コアタイムが午前11時〜午後3時までの場合、在宅勤務者が保育園に子供を送りに行った後に買い物をして、午前11時から自宅で仕事を始めることができます。

②　業務の中断について

　フレックスタイム制は、始業時刻と終業時刻を従業員に決定させる制

度ですが、業務を勝手に中断することはできません。そのため、例えば、休憩時間以外の時間帯に、業務を中断して家事をすることはできません。フレックスタイム制が適用される在宅勤務者が業務を中断する場合、会社の許可が必要です。

③　欠勤について

　フレックスタイム制であっても、決められた日に仕事をしなければなりません。そのため、休日を従業員に決定させない限り、従業員が所定労働日の選択をすることはできません。フレックスタイム制が適用される在宅勤務者が欠勤する場合は、会社の許可が必要です。

④　賃金について

　欠勤やコアタイムの早退、遅刻について、欠勤、早退・遅刻したコアタイム時間相当分の賃金を差し引くことができるかどうかが問題となります。これについては、1日単位で労働時間が計算されるわけではないため、1日単位で労働時間が不足したからといって、これを差し引くことはできません。

6 事業場外みなし労働時間制（第12条5項）

①　始業時刻・終業時刻について

　事業場外みなし労働時間制については、始業時刻と終業時刻のどちらか一方を従業員に決定させた方が、事業場外みなし労働時間制の適用を否定されるリスクが少なくなると考えられます。事業場外みなし労働時間制が適用されるかどうかの判断が難しいことから、在宅勤務者については、始業時刻を決めた上で、終業時刻は従業員に自主的に決めてもらう制度も選択肢として考えられます。

　例えば、ナック事件・東京地判平成30年1月5日の午前8時20分からの朝礼を義務付けていた事案で、事業場外みなし労働時間制の適用を認めています。

　他方、光和商事事件・大阪地判平成14年7月19日は、午前8時15分から朝礼が行われ、その後に営業をした後、午後6時に帰社し、午後6時30分までに退社するよう指示していた事案ですが、事業場外みなし労働時間制の適用を否定しています。

　もちろん、始業時刻と終業時刻のどちらか一方を従業員に決定させることが、事業場外みなし労働時間制の要件ということではありませんので、会社が始業時刻及び終業時刻を決定すると、事業場外みなし労働時間制が適用されないという趣旨ではありません。

②　業務の中断について

　事業場外みなし労働時間制を採用した場合、所定労働時間働いたとみなされるため（所定労働時間みなし）、実労働時間が所定労働時間より少なくても所定労働時間働いたものとみなされます。事業場外みなし労働時間制を採用すると実労働時間の把握が困難になるため、結果として一定時間の公私混同が想定されていると考えられます。厚生労働省も「労働者の勤務時間帯と日常生活時間帯が混在せざるを得ない働き方」であることに着目して、一定の場合、在宅勤務について事業場外みなし労働時間制が適用されるとしています（平成20年7月28日付基発第0728001号参照、平成16年3月5日付基発035001号も同趣旨）。

　そのため、例えば、在宅勤務中に子どもの世話を5分間行う程度の短時間の業務の中断であれば、上司の許可を不要とすべきです。就学中の子どもがいる場合、子どもの帰宅時に短時間、仕事を中断して子どもとの時間を設けるということも考えられます。

　どの程度の公私混同を許容するかについては会社の判断となります。

例えば、15分程度、育児、家事、介護を行うのであれば報告を不要とした上で、洗濯物をたたむ、夕食の準備をする等を基本的には自由とする運用が考えられます。

厚生労働省のガイドラインでも、「テレワークに際しては、一定程度労働者が業務から離れる時間が生じることが考えられる。このような中抜け時間については、労働基準法上、使用者は把握することとしても、把握せずに始業及び終業の時刻のみを把握することとしても、いずれでもよい。」とされています（ガイドライン・11頁）。

ただし、一定の時間の公私混同が想定されているとしても、休憩時間以外の時間帯での私用外出や長時間の業務の中断は、上司の許可なしに認めるべきではありません。

事業場外みなし労働時間制で想定されているのは、業務と私的行為の混在であり、勤務場所から離脱したり、長時間の休憩を取ったりすることを許容する趣旨ではないからです。この点については、就業規則に記載するかどうかは別として、書面化して労使共通の認識とすべきです。何分以上を長時間とするかは会社の判断となりますが、私用での業務中断については15分〜45分の間で目安となる時間を明確にすべきです。

一定時間の業務中断を認めなければ、事業場外みなし労働時間制が適用されないという趣旨ではありません。事業場外みなし労働時間制では、一定時間の私的行為が想定されており、就業規則上、これを否定するのではなく、明確化するのが現実的であるという趣旨です。厚生労働省のガイドラインでも、「中抜け時間の取扱いについては、あらかじめ使用者が就業規則等において定めておくことが重要である」とされています。

就業規則上、明確にした一定の時間を超える私的行為については、職務専念義務違反の問題が生じます。

③　欠勤について

事業場外みなし労働時間制であっても、決められた日に仕事をしなければなりません。そのため、事業場外みなし労働時間制が適用される在宅勤務者が欠勤する場合は、会社の許可が必要です。

④　賃金について

事業場外みなし労働時間制を適用した場合、所定労働時間働いたとみなされるため（所定労働時間みなし）、遅刻、早退、勤務を一部中断し、実労働時間が所定労働時間を下回ったとしても、原則として所定労働時間働いたとみなされます。そのため、欠勤の場合を除いて、仕事をしていない時間に対応する賃金を差し引くことはできません。

7　裁量労働制（第12条6項）

①　始業時刻・終業時刻について

裁量労働制については、出退勤時刻に拘束されないと考えられます。裁量労働制の適用対象となるのは、高度に専門的あるいは企画的な業務であり、労働時間を拘束することが労働者の能力発揮の妨げになるからです。

②　業務の中断について

裁量労働制は、労働時間の量ではなく、労働の成果や質に着目したものであるため、何時間働くかは従業員の自由です。裁量労働制は、「当該労働者は個室にいなくても上司は文句をいえない（ミーティングへの出席等も労働者が主体的に行う）、という制度」（菅野和夫『労働法 第12版』弘文堂、令和元年）と指摘されています。

したがって、裁量労働制の適用対象者については、在宅勤務中に私用で外出することも自由ですし、例えば、在宅勤務中に映画を見ること等も差し支えないと考えるべきです。労働者個人にこのような自由を認めることで労働者の能力が発揮できると考えられるのであり、このような自由を認めると支障をきたす業務（支障をきたす者）であれば、裁量労働制を認めるべきではありません。

③　欠勤について

　裁量労働制であっても、決められた日に仕事をしなければなりません。そのため、休日を従業員に決定させない限り、従業員が所定労働日を選択することはできません。そのため、裁量労働制が適用される在宅勤務者が欠勤する場合、会社の許可が必要です。

④　賃金について

　裁量労働制を適用した場合、所定労働時間働いたとみなされるため（所定労働時間みなし）、遅刻、早退、勤務を一部中断し、実労働時間が所定労働時間を下回ったとしても、所定労働時間働いたとみなされます。そのため、欠勤の場合を除いて、仕事をしていない時間に対応する賃金を差し引くことはできません。

8 高度プロフェッショナル制度（第12条7項）

①　始業時刻・終業時刻について

　高度プロフェッショナル制度は、「出勤時間の指定等始業・終業時間や深夜・休日労働等労働時間に関する業務命令や指示」を行うことは想定されていないため、出退勤時刻に拘束されません（厚生労働省「労働基準法第四十一条の二第一項の規定により同項第一号の業務に従事する労働

者の適正な労働条件の確保を図るための指針」平成 31 年）。

②　業務の中断について

　高度プロフェッショナル制度は、何時間働くかは従業員の自由であり、業務の中断について上司の許可も不要です。高度プロフェッショナル制度については、「対象労働者の働く時間帯の選択や時間配分に関する裁量を失わせるような成果・業務量の要求や納期・期限の設定」「特定の日時を指定して会議に出席することを一方的に義務付けること」は想定されていません（厚生労働省「労働基準法第四十一条の二第一項の規定により同項第一号の業務に従事する労働者の適正な労働条件の確保を図るための指針」平成 31 年）。

③　欠勤について

　高度プロフェッショナル制度であっても、決められた日に仕事をしなければなりません。そのため、高度プロフェッショナル制度が適用される在宅勤務者が欠勤する場合、会社の許可が必要です。

　なお、休日については、あらかじめ年間の休日の取得予定を決定し、使用者に通知する方法が望ましいとされています（厚生労働省「労働基準法第四十一条の二第一項の規定により同項第一号の業務に従事する労働者の適正な労働条件の確保を図るための指針」平成 31 年）。

④　賃金について

　高度プロフェッショナル制度については、遅刻、早退、業務中断という概念がないため、欠勤の場合を除いて、仕事をしていない時間に対応する賃金を差し引くことはできません。

第4章　在宅勤務時の勤務体制等

（業務の開始及び終了の報告）

第13条　在宅勤務者は就業規則第●条の規定にかかわらず、勤務の開始及び終了について、勤務開始時及び勤務終了時に電子メールで報告しなければならない。

1 労働時間の把握

　オフィス勤務者の場合、タイムカード等で始業・終業時刻を確認することが多いと思われます。

　他方、在宅勤務者については、自己申告制が採用されることが多いと思われます。自己申告の手段として、①電話、②電子メール、③勤怠管理ツール、④その他会社が定めたテレワークツールが考えられます。複数の手段で管理するのは事務手続上、煩雑になるため、就業規則上は1つか2つの手段に限定して列挙すべきです。

　本規則では、ガイドラインに沿って、労働者の自己申告により労働時間を簡便に把握する方法として、電子メールによる報告としています。

2 客観的な記録による把握が原則

　在宅勤務者にも、厚生労働省「労働時間の適正な把握のために使用者が講ずべき措置に関するガイドライン」が適用されます。同ガイドラインによれば、在宅勤務者の労働時間について、使用者が自ら現認することにより確認することは困難であるため、客観的な記録を基礎として確認し、適正に記録することが原則です。

　在宅勤務者については、労働者が在宅勤務時に使用する情報通信機器の使用時間の記録等により、労働時間を把握することが考えられます。

例えば、主にパソコンを使用して仕事をする従業員の場合、パソコンの
ログインとログオフのデータを確認して労働時間を把握するのが、客観
的な記録による代表的な方法です。

3 自己申告制を採用する場合の注意点

　情報通信機器を使用していたとしても、その使用時間の記録が労働者
の始業及び終業の時刻を反映できないような場合も考えられます。この
ような場合は、自己申告制の採用を検討することになります。在宅勤務者
からの自己申告制を採用する場合の留意点については、以下の通りです。

　テレワークにおいて、情報通信機器を使用していたとしても、その使
用時間の記録が労働者の始業及び終業の時刻を反映できないような場合
も考えられる。

　このような場合に、労働者の自己申告により労働時間を把握すること
が考えられるが、その場合、使用者は、

① 　労働者に対して労働時間の実態を記録し、適正に自己申告を行うこ
　　となどについて十分な説明を行うことや、実際に労働時間を管理する
　　者に対して、自己申告制の適正な運用等について十分な説明を行うこと
② 　労働者からの自己申告により把握した労働時間が実際の労働時間と
　　合致しているか否かについて、パソコンの使用状況など客観的な事実
　　と、自己申告された始業・終業時刻との間に著しい乖離があることを
　　把握した場合（※）には、所要の労働時間の補正をすること
③ 　自己申告できる時間外労働の時間数に上限を設けるなど、労働者に
　　よる労働時間の適正な申告を阻害する措置を講じてはならないこと
などの措置を講ずる必要がある。

※例えば、申告された時間以外の時間にメールが送信されている、申告

された始業・終業時刻の外で長時間パソコンが起動していた記録がある等の事実がある場合。

なお、申告された労働時間が実際の労働時間と異なることをこのような事実により使用者が認識していない場合には、当該申告された労働時間に基づき時間外労働の上限規制を遵守し、かつ、同労働時間を基に賃金の支払等を行っていれば足りる。

労働者の自己申告により労働時間を簡便に把握する方法としては、例えば一日の終業時に、始業時刻及び終業時刻をメール等にて報告させるといった方法を用いることが考えられる。

(出典) 厚生労働省「テレワークの適切な導入及び実施の推進のためのガイドライン」令和3年

現時点では、在宅勤務者の労働時間の把握を自己申告制により把握した上で、パソコンのログインからログアウトまでの時間との乖離が著しい場合、乖離が生じた理由について確認するのが現実的です。乖離が生じる原因としては、いわゆる残業時間に上限があるため、正確な申請をしていないこと、パソコンを使用しない業務に従事していたこと、ログオフを忘れていたこと、業務と無関係なウェブサイトの閲覧等パソコンを私的利用していたことなどが考えられます。

ただし、ガイドラインは法律ではないため、労働時間を把握する方法についてガイドラインに違反したとしても、直ちに労働基準法に違反するわけではありません。

４ 労働安全衛生法上の「労働時間の状況の把握」について

前記の通り、労働時間の把握の方法は法律で決まっていませんが、「労働時間の状況の把握」の方法は労働安全衛生法で決まっています。

① 客観的な方法で把握するのが原則

　高度プロフェッショナル制度の適用対象者を除き、労働時間の状況を把握する方法としては、やむを得ず客観的な方法により把握し難い場合を除き、タイムカード、パーソナルコンピューター等の電子計算機の使用時間（ログインからログアウトまでの時間）の記録、事業主（事業主から労働時間の状況を管理する権限を委譲された者を含む）の現認等の客観的な記録により、労働者の労働日ごとの出退勤時刻や入退室時刻の記録等を把握しなければならないとされています（労働安全衛生法第66条の8の3、労働安全衛生規則第52条の7の3第1項、平成30年12月28日付基発1228第16号、平成31年3月29日付改正基発0329第2号）。さらに、把握した「労働時間の状況」の記録を作成し、3年間保存するための必要な措置を講じなければならないとされています（労働安全衛生規則第52条の7の3第2項）。

　在宅勤務者の客観的な「労働時間の状況の把握」については、以下の方法が考えられます。

　タイムカードを使うことができないため、基本的には会社貸与のパソコンのログインからログアウトまでの時間を記録する方法によると思われます。なお、「事業者の現認」も可能とされているため（平成30年12月28日付基発1228第16号、平成31年3月29日付改正基発0329第2号）、在宅勤務日はテレビ会議を通して上司に勤務開始と勤務終了を報告し、これを録画し3年間保存するという方法も考えられます。また、厚生労働省の解釈はあくまで例示であるため、客観的な記録であれば、自宅から社内の勤怠管理システムにアクセスしてもらう方法で労働時間を把握することも可能です。

② 例外的に自己申告により把握することも認められる

　以上の客観的な方法で労働時間の状況を把握することが現実的でない場合、自己申告により在宅勤務者の労働時間の状況を把握することが可能かどうかという問題があります。

　例えば、会社がパソコンを貸与しておらず、従業員が自分のパソコンを使用して在宅勤務をしていて、自宅から社内勤怠管理システムにアクセスすることができないような場合です。

　厚生労働省の通達（平成31年3月29日付改正基発0329第2号）によれば、事業場外労働で直行または直帰する場合など、労働時間の状況を客観的に把握する手段がない場合があり、一定の条件を満たした場合、自己申告により労働時間の状況を把握することも可能とされています。在宅勤務についても、一定の条件を満たした場合、自己申告による労働時間の状況の把握が認められます。具体的な条件は以下の（ア）〜（オ）です。

- （ア）　自己申告制の対象となる労働者に対して、労働時間の状況の実態を正しく記録し、適正に自己申告を行うことなどについて、十分な説明を行うこと。
- （イ）　実際に労働時間の状況を管理する者に対して、自己申告制の適正な運用を含め、講ずべき措置について、十分な説明を行うこと。
- （ウ）　自己申告により把握した労働時間の状況が実際の労働時間の状況と合致しているか否かについて、必要に応じて実態調査を実施し、所要の労働時間の状況の補正をすること。
- （エ）　自己申告した労働時間の状況を超えて事業場内にいる時間または事業場外において労務を提供し得る状態であった時間について、その理由等を労働者に報告させる場合には、当該報告が適正

に行われているかについて確認すること。

（オ）　事業者は、労働者が自己申告できる労働時間の状況に上限を
　　　設け、上限を超える申告を認めないなど、労働者による労働時間
　　　の状況の適正な申告を阻害する措置を講じてはならないこと。

③　労働時間の状況の把握

労働時間の状況の把握とは、労働者の健康確保措置を適切に実施する
観点から、労働者がいかなる時間帯にどの程度の時間、労務を提供し得
る状態にあったかを把握するものであり、労働時間そのものではありま
せん（平成30年12月28日付基発1228第16号、平成31年3月29日付
改正基発0329第2号）。そのため、パソコンの使用時間がそのまま労働
時間となるという趣旨ではありません。

（業務報告）

第14条　在宅勤務者は、定期的又は業務上必要なとき、電話又は電
　　　子メール等で所属長に対し、所要の業務報告をしなくてはならな
　　　い。

2　前項の規定にかかわらず、事業場外みなし労働時間制の適用対
　　　象者、裁量労働制の適用対象者、高度プロフェッショナル制度の
　　　適用対象者は、業務上必要なとき又は所属長から指示があったと
　　　き、電話又は電子メール等で所属長に対し、所要の業務報告をし
　　　なくてはならない。

在宅勤務者については、実際、どのような仕事をしているかを管理で
きないため、事業場外みなし労働時間制や裁量労働制、高度プロフェッ
ショナル制度の適用対象者以外の在宅勤務者に対して、定期的に報告を
求めること自体は問題ありません。この規定は、事業場外みなし労働時

間制や裁量労働制、高度プロフェッショナル制度の適用対象者とそうでない者を区別しました。

（在宅勤務時の連絡体制）

第15条 在宅勤務時における連絡体制は、次の通りとする。

① 事故・トラブル発生時には所属長に連絡すること。なお、所属長が不在の場合は所属長が指名した代理の者に連絡すること。

② 前号の所属長又は代理の者に連絡がとれない場合は、〇〇課担当まで連絡すること。

③ 社内における従業員への緊急連絡事項が生じた場合、在宅勤務者へは所属長が連絡をすること。なお、在宅勤務者は不測の事態が生じた場合に確実に連絡がとれる方法をあらかじめ所属長に連絡しておくこと。

④ 情報通信機器に不具合が生じ、緊急を要する場合は〇〇課へ連絡をとり指示を受けること。なお、〇〇課へ連絡することができないときは、会社と契約しているサポート会社へ連絡すること。いずれの場合においても、事後速やかに所属長に報告すること。

⑤ 前各号以外の緊急連絡の必要が生じた場合は、前各号に準じて判断し対応すること。

2 郵便物について、重要と思われるものは電子メール等で在宅勤務者へ連絡すること。なお、情報連絡の担当者はあらかじめ部署内で決めておくこと。

厚生労働省のガイドラインでは、「通常又は緊急時の連絡方法等について、あらかじめ労使で十分に話し合い、ルールを定めておくことが重要である」とされています（ガイドライン・2頁）。単に規則に記載する

だけではなく、実際の連絡先を別途書面で交付したり、メールで共有したりするなどの工夫が必要になります。

（教育訓練）
第16条　会社は、在宅勤務者に対して、業務に必要な知識、技能を高め、資質の向上を図るため、必要な教育訓練を行う。
2　　在宅勤務者は、会社から教育訓練を受講するよう指示された場合には、特段の事由がない限り指示された教育訓練を受けなければならない。

1 教育訓練

　第16条は一般的な規定例であり、在宅勤務就業規則にあえて記載する必要はありませんが、解説の便宜と参考のため掲載します。

　教育訓練には、日常の業務に就きながら行われる教育訓練（OJT）と、業務命令に基づき通常の仕事を一時的に離れて行う教育訓練（OFF － JT）があります。OJTの具体例としては、直属の上司が業務の中で部下に作業方法等を指導することです。OFF － JTの具体例としては、社内で実施する教育訓練（労働者を1か所に集合させて実施する集合訓練など）や、社外で実施する教育訓練（業界団体や民間の教育訓練機関など社外の教育訓練機関が実施する教育訓練に労働者を派遣することなど）などです。

　厚生労働省のガイドラインでは、「テレワークを推進する上で、社内教育等についてもオンラインで実施することも有効である。オンラインでの人材育成は、例えば、『他の社員の営業の姿を大人数の後輩社員がオンラインで見て学ぶ』『動画にしていつでも学べるようにする』等の、オンラインならではの利点を持っているため、その利点を活かす工夫をすることも有用である。このほか、テレワークを実施する際には、新たな機器やオンライン会議ツール等を使用する場合があり、一定のスキル

の習得が必要となる場合があることから、特にテレワークを導入した初期あるいは機材を新規導入したとき等には、必要な研修等を行うことも有用である。また、テレワークを行う労働者について、社内教育や研修制度に関する定めをする場合には、当該事項について就業規則に規定しなければならないこととされている（労働基準法第89条第7号）。」としています（ガイドライン・5〜6頁）。

2 在宅勤務中のWeb学習

　教育訓練に関連して、在宅勤務者のスキルアップや自己研鑽のために、会社が勧めた教材で在宅勤務中に会社貸与のパソコンでWeb学習をした場合、労働時間に該当するかが問題となります。

　西日本電信電話事件の控訴審・大阪高判平成22年11月19日は、Web学習の成果を図るための試験が行われていないことを重視して、労働時間に当たらないと判断しています。しかし、西日本電信電話事件の第一審・大阪地判平成22年4月23日は、業務との関連性があり、Web学習の状況は社内のシステムで把握されていたことを重視して、労働時間に当たると判断しています。このように、会社貸与のパソコンを使用してWeb学習をした場合、労働時間に当たると判断されるかどうかは、実際問題として微妙なところです。

　特に、在宅勤務者に会社貸与のパソコンを使用してWeb学習をすることを認めた場合、本来の業務とWeb学習を区別することができなくなります。Web学習を労働時間として扱わないのであれば、会社貸与のパソコンでのWeb学習を禁止した上で、所定労働時間外で行ってもらうことが適切です。

　なお、Web学習をすることが業務として必要不可欠であれば、労働時間に当たることを前提に業務指示することも検討すべきです。

第5章　在宅勤務時の給与・費用負担

（給与）

第17条　在宅勤務者の給与については、賃金規程の定めるところによる。

2　前項の規定にかかわらず、在宅勤務（在宅勤務を終日行った場合に限る）が概ね週に2日以上の場合の通勤手当については、毎月定額の通勤手当は支給せず、実際に通勤に要する往復運賃の実費を給与支給日に支給するものとする。

1 給与（第17条1項）

　給与については、賃金規程をそのまま準用し、通常の労働者と同じ賃金制度を定めることが前提です。

　テレワークを行う労働者について、通常の労働者と異なる賃金制度等を定める場合には、当該事項について就業規則を作成・変更し、届け出なければなりません（労働基準法第89条3号）。

　平成26年に行われた調査によれば、テレワークを行っている従業員の賃金額を決定する際に考慮する要素は、「終日在宅勤務」「1日の一部在宅勤務」「モバイルワーク」のいずれも「仕事の成果」の割合がもっとも高く（それぞれ64.2%、64.6%、60.1%）、「職務遂行能力」や「仕事の種類や性質」が続いています（調査・19頁）。他方、考慮する要素として「年齢や勤続年数」と答えた割合は、「終日在宅勤務」「1日の一部在宅勤務」「モバイルワーク」のいずれも、それぞれ20.8%、18.8%、26.4%と、割合として低い結果となっています（調査・19頁）。

　在宅勤務では、会社の指揮命令が相対的に少なくなると考えられ、賃金が業務の成果に対して支払われるという側面が強くなります。特定の

業務のみを依頼するのであれば、雇用ではなく請負または委任とすることも検討することになるでしょう。

2 通勤手当（第17条2項）

通勤手当を定額支給していない会社の場合は、2項は不要です。本規定では、週2日以上の在宅勤務を行う場合、定額の通勤手当を支給しないとしています。通勤手当については、不正受給の問題も生じ得るため、定額の通勤手当とするか、実費精算とするかの具体的な基準が必要です。

厚生労働省の旧ガイドラインでは、専らテレワークを行い事業場への出勤を要しないとされている労働者が事業場へ出勤する際の交通費等は、通常の勤務と異なり、テレワークを行う労働者がその負担を負うことがあり得るとされていますが、通勤手当は会社が実費負担するのが通例であり、テレワーク勤務者のみ異なる取扱いをする必要はありません。

- -

●情報通信機器の通信費のみ会社が負担するパターン

（費用の負担）

第18条 会社が貸与する情報通信機器を利用する場合の通信費（ただし会社が認める方法に限る）及び業務に必要な郵送費、事務用品費、消耗品費その他会社が認めた費用は会社負担とする。

2 　在宅勤務に伴って発生する水道光熱費、工事費、机、椅子、照明や空調設備等の費用その他前項に定めるもの以外の在宅勤務に要する費用については在宅勤務者の負担とする。

1 費用負担について

在宅勤務をする場合の最低限の執務環境として、机や椅子、照明、空調設備は必要になると思われます。それ以外にも、在宅勤務中は自宅に

いるため、水道光熱費が余分にかかります。

　これらの費用について、企業負担とするか、従業員負担とするかについて、法律上の規制はありません。ただし、従業員に費用負担を求めるのであれば、就業規則にその旨の記載が必要です（労働基準法第89条5号）。

　平成26年に行われた調査によれば、これらの費用を会社が一切負担していないと回答した会社は、「終日在宅勤務」「1日の一部在宅勤務」「モバイル勤務」について、それぞれ12.7％、22.0％、5.7％です（調査・20頁）。

　モバイル勤務では、「パソコン」（75.2％）、「携帯電話・PHS」（74.5％）について、会社が費用を負担しているケースが多いようです。「終日在宅勤務」「1日の一部在宅勤務」でも、「パソコン」（それぞれ65.5％、56.0％）、「携帯電話・PHS」（それぞれ49.1％、46.0％）について、会社が費用を負担しているケースが多いようです（調査・20頁）。

　他方、「机・いす・書類キャビネットなど」の費用を負担している会社は10％未満となります（調査・20頁）。

　なお、在宅勤務にかかる費用負担等に関する源泉所得税の課税については、国税庁が作成した「在宅勤務に係る費用負担等に関するFAQ（源泉所得税関係）」（令和3年5月31日）をご参照ください。

2　実務上の指針

　費用負担の実務上の指針として、以下の記載を参考にして、会社の実情に合ったルールを定めるべきです。

①　情報通信機器の費用

　テレワーク導入企業の事例では、パソコン本体や周辺機器、携帯電話、スマートフォンなどについては、会社から貸与しているケースが

多く見られます。会社が貸与した場合、基本的には全額会社負担としているところが多いようです。

② 通信回線費用

　モバイルワークでは携帯電話やノート型パソコンを会社から貸与し、無線 LAN 等の通信費用も会社負担としているケースが多く見られます。

　一方、在宅勤務では、自宅内のブロードバンド回線の工事費、基本料金、通信回線使用料等が発生します。工事費については、ブロードバンド回線そのものが自宅内に配線され、テレワーカー自身が個人的にも使用することがあるため、その負担を個人負担としている例も見られますが、会社が負担するケースもあります。ブロードバンド回線の基本料金や通信回線使用料については、個人の使用と業務使用との切り分けが困難なため、一定額を会社負担としている例が多く見られます。

③ 文具、備品、宅配便等の費用

　文具消耗品については会社が購入した文具消耗品を使用することが多いでしょう。切手や宅配メール便等は事前に配布できるものはテレワーカーに渡しておき、会社宛の宅配便は着払いにするなどで対応ができます。やむを得ずテレワーカーが文具消耗品の購入や宅配メール便の料金を一時立て替えることも考えられますので、この際の精算方法等もルール化しておくことが必要です。

④ 水道光熱費

　自宅の電気、水道などの光熱費も実際には負担が生じますが、業務使用分との切り分けが困難なため、テレワーク勤務手当に含めて支

払っている企業も見受けられます。

（出典）一般社団法人日本テレワーク協会「テレワーク導入のための労務管理等Q＆A集」平成26年

3 会社負担の費用（第18条1項）

1項では、会社が貸与する情報通信機器を利用する場合の通信費を会社負担としています。この場合、通信費について私的使用と業務使用を区別する必要があります。例えば、私的使用を禁止した上で、モバイルルーター端末機器等を企業が支給して、通信費を企業が負担するなどの方法が考えられます。

業務に必要な郵送費、事務用品費、消耗品費については、通常勤務時に会社が支給していると考えられるため、在宅勤務時も会社負担としました。

4 従業員負担の費用（第18条2項）

2項では、机、椅子、照明、空調設備や余分にかかった水道光熱費を従業員負担としています。希望者のみを在宅勤務の対象としていること、机、椅子、照明や空調設備については私的利用もすること等を踏まえれば、このような制度設計が合理的といえます。

●定額の在宅勤務手当を支給するパターン

（費用の負担）

第18条 業務に必要な郵送費、事務用品費、消耗品費その他会社が認めた費用は会社負担とする。

2 会社が貸与する情報通信機器を利用する場合の通信費、水道光熱費にあてるものとして、1か月間で4日以上在宅勤務した者を対象に、毎月定額1000円の在宅勤務手当を支給する。在宅勤務手

当を超える通信費又は水道光熱費が発生したとしても、在宅勤務
者の負担とする。

3　在宅勤務に伴って発生する工事費、机、椅子、照明や空調設備そ
の他前項に定めるもの以外の在宅勤務に要する費用については、
在宅勤務者の負担とする。

2項では、会社が貸与する情報通信機器を利用する場合の通信費、水
道光熱費にあてるものとして、1か月間で4日以上在宅勤務をした者を
対象に、毎月定額1000円の在宅勤務手当を支給するとしています。

「1か月間で4日」「毎月定額1000円」というのは、あくまで例示
です。勤務日数に比例して支給することも、選択肢として考えられます。

また、在宅勤務手当については、一度、就業規則に記載した場合、合
理性がない限り、条件の切り下げは困難であることに留意が必要です。

なお、定額支給ではなく、通信費の実費相当額を支給する方法も考え
られます。この場合、従業員に対する給与ではないため、所得税を源泉
徴収する必要はありませんが、従業員が実際に負担した通信費を会社が
把握する手間がかかるという難点もあります。そのため、実務的には本
規定と同様に、給与として支給することになると思われます。

（情報通信機器・ソフトウェア等の貸与等）

第19条　会社は、業務上必要と判断したとき、在宅勤務者に対して
パソコン、携帯電話等の情報通信機器、ソフトウェア及びこれら
に類する物を貸与する。なお、当該物品は業務遂行に必要な範囲
内で使用するものとし（私的利用は禁止する）、会社の許可がな
い限り、自宅以外の場所で使用してはならない。当該物品に会社
の許可を受けずにソフトウェアをインストールしてはならない。

2　会社は、必要と認めるとき、前項の物品に蓄積されたデータ等

を閲覧・監視し、起動中のパソコン画面を閲覧・収集することができる。貸与した携帯電話（スマートフォンを含む）のGPS機能を利用したモニタリング（勤務時間帯及びその前後の時間帯に限る）についても同様とする。

3　会社は、在宅勤務者が所有する機器を利用させることができる。この場合、セキュリティガイドラインを満たした場合に限るものとし、費用については話し合いの上決定するものとする。

1 情報通信機器については原則会社が貸与する（第19条1項）

　1項では、会社が貸与した機器の自宅外での利用や私的利用を禁止しました。自宅外での利用や私的利用の問題点としては、職務専念義務の違反や情報漏洩の危険があります。例えば、個人所有のパソコンを利用させた場合、情報漏洩の危険があります。特に、在宅勤務者が退職した際に、データが削除されたかどうかを確認することが困難になることなどから、基本的には避けた方がよいでしょう。

2 モニタリング（第19条2項）

　会社が貸与したパソコンや携帯電話に収集された情報の閲覧については、就業規則に明確な記載がなくても可能です。ただし、権限のない者が個人的興味から閲覧した場合や必要性がない場合は、プライバシー権侵害を理由に違法となります（東京地判平成13年12月3日）。

　上記の東京地判平成13年12月3日は、職場において部下が相互に送受信した私的なメール等を上司が閲読・監視する行為は、部下の限度を超えたメールの私的使用が原因であること等を考慮すると、プライバシー侵害には当たらないと判断しました。

　また、誹謗中傷メールと私用メールという秩序違反行為を行ったと疑われる状況がある事案では、事前に告知せずにファイルサーバーに保存

されていた通信データを調査しても、違法ではないと判断した事例もあります（東京地判平成14年2月26日）。パソコンや携帯電話に蓄積されたデータ等の閲覧監視、起動中のパソコン画面の閲覧収集についても、必要性が認められる限り、同様に考えることができます。

ナビシステムを利用した位置情報の把握については、その勤務状況を把握し、緊急連絡や事故時の対応のために当該従業員の居場所を確認することを目的とするものである場合、勤務時間帯及びその前後の時間帯においては適法ですが、早朝、深夜、休日、退職後のように、従業員に労務提供義務がない時間帯や期間にナビシステムを利用して従業員の居場所の確認をすることは、特段の必要性のない限り、違法と判断した事例があります（東京地判平成24年5月31日）。携帯電話を利用した位置情報の確認も同様と考えられます。

GPS機能を利用したモニタリングを推奨する趣旨ではありませんが、モニタリングする必要性があることも想定されるのであれば、就業規則に記載すべきです。

3 個人所有パソコンでの作業を認める場合の注意点（第19条3項）

仮に、個人所有のパソコンで作業をする場合、リモートデスクトップ方式を採用すべきです（一般社団法人日本テレワーク協会「テレワーク導入のための労務管理等Q&A集」平成26年）。

リモートデスクトップ方式とは、オフィスの外で用いるパソコンやタブレット端末などから、オフィス内のパソコンやタブレット端末を遠隔で閲覧及び操作する方式です。作業自体は遠隔操作で実施するため、全ての作業がオフィス内の端末で行っているのと同じ状態になり、手元の端末にデータは残りません。また、保存したファイルはオフィス内にある端末上に保存されるため、情報漏洩が起きにくいというメリットがあります。

第6章　災害補償

（災害補償）
第20条　在宅勤務者が自宅での業務上災害に遭ったときは、就業規則第●条の定めるところによる。

1 業務災害

　業務災害とは、労働者の業務上の負傷、疾病、障害または死亡のことです（労働者災害補償保険法第7条1項1号）。業務災害と通勤災害（通勤による労働者の負傷、疾病、障害または死亡）が、いわゆる「労災」です。

　業務災害として補償を受けるためには、それが業務遂行過程（業務の遂行中に限らず、使用者の支配下にある中）において生じたものであり、かつ、業務に起因したものであることが必要です。

　業務災害によって負傷した場合、労働基準監督署に備え付けてある請求書を提出することにより、労働基準監督署において必要な調査を行い、保険給付が受けられます。

　業務災害によって負傷あるいは死亡した場合、従業員またはその遺族が会社に対して損害賠償請求をすることも考えられます。ただし、会社に賠償義務が認められるのは、安全配慮義務違反、故意・過失、因果関係が認められた場合に限られます。業務災害と認められたことと会社が賠償義務を負うことはイコールではありません。

2 在宅勤務と業務災害

　業務災害とされるのは、負傷、疾病、障害または死亡が「業務上」の災害であると認められるときです。私的行為等の業務以外が原因であるものについては、業務上の災害とは認められません。ただし、在宅勤務

で業務と日常生活が混在している場合、業務災害に当たるかどうかの判断が困難な場合も考えられます。

①　作業を中断した際に負傷した場合

　一般社団法人日本テレワーク協会「テレワーク導入のための労務管理等 Q&A 集」（平成 26 年）によれば、「自宅で所定労働時間にパソコン業務を行っていたが、トイレに行くため作業場所を離席した後、作業場所に戻り椅子に座ろうとして転倒した事案。これは、業務行為に付随する行為に起因して災害が発生しており、私的行為によるものとも認められないため、業務災害と認められる。」としています。例えば、仕事中に冷蔵庫に飲料水を取りに行くために離席した後、作業場で転倒した場合も同じように業務災害として認められると考えられます。

　他方、在宅勤務中に育児や家事等の私的行為を行い、育児や家事の途中でトイレに行くときに転倒した場合、業務災害とは認められません。

②　勤務時間中の地震や津波等により負傷した場合

　仕事中に地震や津波等の自然現象で負傷した場合も、業務災害が認められると考えます。東日本大震災の際、外回りの営業に出ていた従業員が地震や津波で被災した場合、そのときに明らかに私的行為中でない限り、危険な環境で仕事をしていたとして業務災害と認められ、労災保険給付が受けられるというのが厚生労働省の見解です。

③　勤務時間中の夫婦喧嘩により負傷した場合等

　在宅勤務中に夫婦喧嘩で怪我をした場合、これは原則として私的行為であり、業務上と認められないと考えられます。例えば、在宅勤務中にWeb 会議の音がうるさいことが原因で夫婦喧嘩が発生した場合も、Web 会議の音はきっかけにすぎず、夫婦喧嘩の主な原因はこれまでの

私的恐恨に基づくものと考えられます。そのため、同居家族から暴行を受けた場合、それが勤務時間中であっても、業務災害と認められる可能性は低いと考えられます。

なお、業務に従事している場合において被った負傷であって、他人の故意に基づく暴行によるものについては、当該故意が私的怨恨に基づくもの、自招行為によるものその他明らかに業務に起因しないものを除き、業務に起因する、または通勤によるものと推定するというのが厚生労働省の見解です（平成21年7月23日付基発0723第12号）。そのため、在宅勤務中に自宅で強盗の被害にあった場合、業務上の災害と認められる可能性があります。

（安全衛生）

第21条　会社は、在宅勤務者の安全衛生の確保及び改善を図るため必要な措置を講ずる。

2　在宅勤務者は、安全衛生に関する法令等を守り、会社と協力して労働災害の防止に努めなければならない。

1 テレワークに従事する者についても当然に労働安全衛生法に基づく必要な措置を講じる

テレワークでは、周囲に上司や同僚がいない環境で働くことになるため、労働者が上司等とコミュニケーションを取りにくく、上司等が労働者の心身の変調に気づきにくい状況となる場合が多いと指摘されています。

テレワーク勤務者についても、労働安全衛生法等の関係法令等に基づき、過重労働対策やメンタルヘルス対策を含む健康確保のため、ガイドラインに沿って以下の措置を講じる必要があります。

①　健康相談を行うことができる体制の整備（労働安全衛生法第13条の3）

② 労働者を雇い入れたとき、または作業内容を変更したときの安全または衛生のための教育（労働安全衛生法第59条）

③ 必要な健康診断とその結果等を受けた措置（労働安全衛生法第66条〜第66条の7）

④ 過重労働による健康障害を防止するための長時間労働者に対する医師による面接指導とその結果等を受けた措置（労働安全衛生法第66条の8及び第66条の9）及び面接指導の適切な実施のための労働時間の状況の把握（労働安全衛生法第66条の8の3）、面接指導の適切な実施のための時間外・休日労働時間の算定と産業医への情報提供（労働安全衛生規則（昭和47年労働省令第32号）第52条の2）

⑤ ストレスチェックとその結果等を受けた措置（労働安全衛生法第66条の10）

⑥ 労働者に対する健康教育及び健康相談その他労働者の健康の保持増進を図るために必要な措置（労働安全衛生法第69条）

　これらの措置は、テレワーク勤務者も通常勤務の労働者と同様に労働安全衛生法等が適用されることを意味するに留まり、企業に特別の義務を課すものではありません。

　なお、ガイドラインでは、労働安全衛生法第69条により、労働者を雇い入れたとき（雇い入れ後にテレワークの実施が予定されているとき）、または労働者の作業内容を変更し、テレワークを初めて行わせるときは、テレワーク作業時の安全衛生に関する事項を含む安全衛生教育を行うことが重要とされています（ガイドライン・15頁）。

2 作業環境の整備についての留意点

　在宅勤務者は、パソコンのディスプレイを見て仕事をすることが多く、視力の低下、ドライアイ、腰痛、肩凝り、腱鞘炎などの健康問題が生じ

得るため、「VDT 作業における労働衛生管理のためのガイドライン（平成 14 年 4 月 5 日付基発第 0405001 号）」を踏まえた環境を整えるように助言すべきです。

2 緊急時在宅勤務就業規則例

　ここからは、新型コロナウイルス感染症対策等のために、緊急避難的に在宅勤務を導入する場合の緊急時在宅勤務就業規則例について解説します。基本的な考え方は、下記の注意点以外は在宅勤務就業規則とほとんど同じであるため、緊急時在宅勤務就業規則例については、ひな形のみ掲載しています。在宅勤務就業規則との比較で注意する点は、以下の通りです。

　職場内での感染症の感染拡大を防ぐために行う業務命令であるため、在宅勤務を希望していない者や新入社員など在宅勤務をさせることによって業務効率が下がると考えられる者も対象者となります（第4条）。

　在宅勤務の日や日数については、従業員ごとに個別に判断することになります（第4条）。運用上は、職務内容、業務の繁閑、年齢、既往症、通勤距離、同居家族の有無・その年齢等を総合的に判断することになります。従業員の希望を考慮することも可能ですが、福利厚生目的ではないため、基本的には会社の都合を優先し、日程を指定することになると思われます。始業時刻と終業時刻の選択制については、労働時間の個別管理が煩雑になることから導入しないことをお勧めします（第7条）。

　在宅勤務を希望していない者については、自宅というプライベートな空間を仕事で使わなければならないという点で、一定の不利益を与えます。そこで、光熱費や通信費にあてるための在宅勤務手当の支給、従業員所有のパソコンや携帯電話を利用させる場合の利用料の支払いなどは、積極的に検討すべきです（第17条、第18条）。

　暫定措置であることを確認するため、緊急時在宅勤務就業規則に有効期間を設けることも考えられます。しかし、新型コロナウイルス感染症以外の感染症の場合にも活用することが考えられるため、有効期間については記載していません。

第1章　総　則

（目的）

第1条　この規則（以下「本規則」という）は、職場内での新型コロ
　　ナウイルス感染症その他感染症の感染拡大を防ぐため、○○株式会社
　　（以下「会社」という）が従業員に対して、在宅勤務を命令する場合
　　の基本的な事項について定めたものである。

2　本規則に定めがない事項については、就業規則に定める。

（本規則の適用範囲）

第2条　本規則の適用対象となる在宅勤務者とは、会社から在宅勤務
　　を命じられた従業員をいう。

（規則の遵守）

第3条　従業員は、本規則を守り、在宅勤務に従事しなければならない。

第2章　緊急時在宅勤務の許可、勤務場所、服務規律

（在宅勤務命令）

第4条　会社は、職場内での新型コロナウイルス感染症その他感染症
　　の感染拡大を防ぐため、従業員の職務内容、労務管理及び業務上の支
　　障、行政からの要請、当該感染症の内容及び感染拡大状況等を考慮し
　　て、必要と判断するとき、従業員に対して在宅勤務を命じることがで
　　き、従業員はこれに従うものとする。在宅勤務日及びその日数は、対
　　象となる従業員ごとに会社が決定する。

（勤務場所）

第5条　在宅勤務者の勤務場所である自宅とは、同人が起居寝食など私生活を営む場所であり、かつ、会社が許可した住所地をいう。従業員は、在宅勤務日の所定労働時間中、会社の明示的な指示又は許可がない限り、自宅以外の場所で業務に従事してはならない。

2　会社は、必要に応じて、在宅勤務日であっても、在宅勤務者に対して、事業場への出社その他勤務場所の変更、出張を命じることができ、在宅勤務者はこれに従わなければならない。なお、会社が移動時間中に業務に従事するように指示した場合を除き、移動時間は労働時間に当たらないものとする。

（在宅勤務者の服務規律）

第6条　在宅勤務者は就業規則第●条及びセキュリティガイドラインに定めるもののほか、次に定める事項を遵守しなければならない。

①　在宅勤務の際に所定の手続に従って持ち出した会社の情報及び作成した成果物を第三者が閲覧、コピー等しないよう最大の注意を払うこと。なお、従業員の親族又は同居者も第三者とみなす。

②　在宅勤務中は業務に専念すること。

③　第1号に定める情報及び成果物は紛失、毀損しないように丁寧に取扱い、セキュリティガイドラインに準じた確実な方法で保管・管理しなければならないこと。

④　在宅勤務中は自宅以外の場所で業務を行ってはならないこと。

⑤　在宅勤務の実施にあたっては、会社情報の取扱いに関し、セキュリティガイドライン及び関連規程類を遵守すること。

⑥　在宅勤務に際して、会社が貸与した器具を業務以外の目的で使用しないこと。

第3章　緊急時在宅勤務時の労働時間等

（在宅勤務時の労働時間）

第7条　在宅勤務時の労働時間については、就業規則第●条の定めるところによる。

2　前項にかかわらず、在宅勤務者が次の各号全てに該当するときその他労働時間を算定し難いときであって会社が必要と認めた場合は、就業規則第●条を適用し、在宅勤務日、就業規則第●条に定める所定労働時間の労働をしたものとみなす。事業場外みなし労働時間制が適用される在宅勤務者の労働条件については、原則として労働条件通知書等の書面により明示する。

①　情報通信機器を通じた会社の指示に対する応答を原則として在宅勤務者に任せていること。

②　在宅勤務者の業務が常に所属長から随時指示命令を受けなければ遂行できない業務でないこと。

（休憩時間）

第8条　在宅勤務者の休憩時間については、就業規則第●条の定めるところによる。

（所定休日）

第9条　在宅勤務者の休日については、就業規則第●条の定めるところによる。

（時間外及び休日労働等）

第10条　所定休日における在宅勤務は、原則として認めない。ただし、やむを得ない事由がある場合、所属長に電子メールで申請した上で、

前日までに所属長の許可を得なければならない。

2　在宅勤務日の深夜労働は、原則として認めない。ただし、やむを得ない事由がある場合、所属長に電子メールで申請した上で、午後9時までに所属長から許可を得なければならない。

3　在宅勤務者が在宅勤務日に時間外労働する場合、所属長に電子メールで申請した上で、終業時刻が終了する1時間前までに所属長から許可を得なければならない。在宅勤務者の在宅勤務日における時間外労働の上限時間は、原則として1日2時間とする。

4　前各項の規定にかかわらず、会社は、業務上の必要性がある場合、所定休日労働、深夜労働、時間外労働（1日2時間を超える時間外労働を含む）を命じることができる。

（欠勤等）

第11条　在宅勤務者が在宅勤務日に、私用で遅刻、早退もしくは欠勤をし、勤務を一部中断することは認めない。たとえ短時間であっても、勤務時間中は休憩時間を除き、私用メール、私用外出、業務外ウェブサイト閲覧、育児・家事等の私的行為は認めない。

2　在宅勤務者が、遅刻、早退もしくは欠勤をし、勤務を一部中断する場合は、事前に申し出て許可を得なくてはならない。ただし、やむを得ない事情で事前に申し出ることができなかった場合は、事後速やかに届け出なければならない。

3　前項の遅刻、早退もしくは欠勤、勤務を一部中断した場合の賃金については、賃金規程第●条の定めるところによる。

4　前項の規定にかかわらず、フレックスタイム制の適用対象者が遅刻、早退もしくは欠勤、勤務を一部中断した場合の賃金については、労使協定に定めるところによる。

5　第1項から第3項の規定にかかわらず、事業場外みなし労働時間

制の適用対象者の在宅勤務日の勤務の一部中断については、欠勤の場合の賃金を除き、労働条件通知書等の書面で定める。

6　裁量労働制の適用対象者の遅刻、早退、勤務の一部中断については、欠勤の場合の賃金を除き、第1項から第3項の規定を適用しない。

7　高度プロフェッショナル制度の適用対象者の遅刻、早退、勤務の一部中断については、欠勤の場合の賃金を除き、第1項から第3項の規定を適用しない。

第4章　緊急時在宅勤務時の勤務体制等

（業務の開始及び終了の報告）
第12条　在宅勤務者は就業規則第●条の規定にかかわらず、勤務の開始及び終了について、勤務開始時及び勤務終了時に電子メールで報告しなければならない。

（業務報告）
第13条　在宅勤務者は、定期的又は業務上必要なとき、電話又は電子メール等で所属長に対し、所要の業務報告をしなくてはならない。

2　前項の規定にかかわらず、事業場外みなし労働時間制の適用対象者、裁量労働制の適用対象者、高度プロフェッショナル制度の適用対象者は、業務上必要なとき又は所属長から指示があったとき、電話又は電子メール等で所属長に対し、所要の業務報告をしなくてはならない。

（在宅勤務時の連絡体制）
第14条　在宅勤務時における連絡体制は、次の通りとする。

①　事故・トラブル発生時には所属長に連絡すること。なお、所属長が不在の場合は所属長が指名した代理の者に連絡すること。

② 前号の所属長又は代理の者に連絡がとれない場合は、○○課担当まで連絡すること。

③ 社内における従業員への緊急連絡事項が生じた場合、在宅勤務者へは所属長が連絡をすること。なお、在宅勤務者は不測の事態が生じた場合に確実に連絡がとれる方法をあらかじめ所属長に連絡しておくこと。

④ 情報通信機器に不具合が生じ、緊急を要する場合は○○課へ連絡をとり指示を受けること。なお、○○課へ連絡することができないときは、会社と契約しているサポート会社へ連絡すること。いずれの場合においても、事後速やかに所属長に報告すること。

⑤ 前各号以外の緊急連絡の必要が生じた場合は、前各号に準じて判断し対応すること。

2 郵便物について、重要と思われるものは電子メール等で在宅勤務者へ連絡すること。なお、情報連絡の担当者はあらかじめ部署内で決めておくこと。

（教育訓練）

第15条 会社は、在宅勤務者に対して、業務に必要な知識、技能を高め、資質の向上を図るため、必要な教育訓練を行う。

2 在宅勤務者は、会社から教育訓練を受講するよう指示された場合には、特段の事由がない限り指示された教育訓練を受けなければならない。

第5章　緊急時在宅勤務時の給与・費用負担

（給与）

第16条 在宅勤務者の給与については、賃金規程の定めるところによる。

2　前項の規定にかかわらず、在宅勤務（在宅勤務を終日行った場合に
　限る）が概ね週に2日以上の場合の通勤手当については、毎月定額
　の通勤手当は支給せず、実際に通勤に要する往復運賃の実費を給与支
　給日に支給するものとする。

（費用の負担）

第17条　業務に必要な郵送費、事務用品費、消耗品費その他会社が認
　めた費用は会社負担とする。

2　会社が貸与する情報通信機器を利用する場合の通信費、水道光熱費
　にあてるものとして、当月の在宅勤務日数に応じて、毎月定額の在宅
　勤務手当を支給する。在宅勤務手当を超える通信費又は水道光熱費が
　発生したとしても、在宅勤務者の負担とする。

在宅勤務日数	在宅勤務手当
1日から6日	1,000円
7日以上	2,000円

3　在宅勤務に伴って発生する工事費、机、椅子、照明や空調設備その
　他前項に定めるもの以外の在宅勤務に要する費用については、在宅勤
　務者の負担とする。

（情報通信機器・ソフトウェア等の貸与等）

第18条　会社は、業務上必要と判断したとき、在宅勤務者に対してパ
　ソコン、携帯電話等の情報通信機器、ソフトウェア及びこれらに類す
　る物を貸与することがある。なお、当該物品は業務遂行に必要な範囲
　内で使用するものとし（私的利用は禁止する）、会社の許可がない限り、
　自宅以外の場所で使用してはならない。当該物品に会社の許可を受け
　ずにソフトウェアをインストールしてはならない。

2　会社は、必要と認めるとき、前項の物品に蓄積されたデータ等を閲

覧・監視し、起動中のパソコン画面を閲覧・収集することができる。貸与した携帯電話（スマートフォンを含む）のGPS機能を利用したモニタリング（勤務時間帯及びその前後の時間帯に限る）についても同様とする。

3　会社は、在宅勤務者が所有するパソコン、携帯電話等の情報通信機器を利用させることができる。この場合、利用料として、会社は従業員に対して、当月の在宅勤務日数に応じて、以下の金額を支払う。

在宅勤務日数	利用料
1日から6日	300円
7日以上	600円

第6章　災害補償

（災害補償）

第19条　在宅勤務者が自宅での業務上災害に遭ったときは、就業規則第●条の定めるところによる。

（安全衛生）

第20条　会社は、在宅勤務者の安全衛生の確保及び改善を図るため必要な措置を講ずる。

2　在宅勤務者は、安全衛生に関する法令等を守り、会社と協力して労働災害の防止に努めなければならない。

3 サテライトオフィス勤務就業規則例

　ここからは、サテライトオフィス勤務者に適用されるサテライトオフィス勤務就業規則例について解説します。在宅勤務就業規則の基本的な考え方を前提に、詳しい法律上の論点や判例等は省略しています。在宅勤務就業規則との比較で注意する点は、以下の通りです。

　サテライトオフィスでの勤務は、自宅と比較して、会社の支配権が及びやすいという特色があります。例えば、労働時間の管理については、オフィスと同様に、タイムカードを打刻する方法を採用することが多いと思われます（第12条）。対象者についても、詳細な条件を定めず、業務上及び労務管理上支障がなければ、希望者に対して認めるという規定にしています（第4条）。

　また、サテライトオフィスは「事業場外」ではありません。サテライトオフィス勤務者については、共同利用型のサテライトオフィスで勤務する場合を除き、事業場外みなし労働時間制の適用対象にならない点にも注意が必要です。

第1章　総　則

（目的）

第1条　この規則（以下「本規則」という）は、○○株式会社（以下「会社」という）の従業員がサテライトオフィスで勤務する場合の必要な事項について定めたものである。

2　本規則に定めがない事項については、就業規則に定める。

テレワークを大別すると、「在宅勤務」「サテライトオフィス勤務」「モバイル勤務」の3種類があります。第1条は、サテライトオフィス勤務者を対象とする就業規則であることを明らかにしたものです。これを明確にしていないと、サテライトオフィス以外の自宅や喫茶店などで仕事をしてしまい、情報漏洩などのリスクに晒されることになります。

（本規則の適用範囲）

第2条　本規則の適用対象となるサテライトオフィス勤務者とは、第4条の手続に従い、会社からサテライトオフィス勤務を許可された従業員をいう。

第2条は、サテライトオフィス勤務就業規則の適用対象となるサテライトオフィス勤務者の定義規定です。

（規則の遵守）

第3条　従業員は、本規則を守り、サテライトオフィス勤務に従事しなければならない。

第3条は、サテライトオフィス勤務の就業規則が労働契約の内容に

なるため、従業員がサテライトオフィス勤務を行う場合、本規則を守らなければならないことを規定しています。

第2章　サテライトオフィス勤務の許可、勤務場所、服務規律

（サテライトオフィス勤務の対象者）

第4条　サテライトオフィス勤務を希望する者は、月曜日の終業時刻までに翌週月曜日から金曜日までのサテライトオフィス勤務予定表を所属長に電子メールで申請し、金曜日の正午までに翌週の月曜日から金曜日までのサテライトオフィス勤務について所属長から許可を受けなければならない。

2　前項の規定にかかわらず、サテライトオフィス勤務を希望する者は、1週間を超える期間の申請をする場合、希望するサテライトオフィスの場所、勤務時間及び勤務日、サテライトオフィス勤務の必要性を記載した書面を月曜日の終業時刻までに所属長に提出し、金曜日の正午までに翌週以降のサテライトオフィス勤務について所属長から許可を受けなければならない。

3　会社は、前項に定める手続に従い申請したとき、当該申請者にサテライトオフィス勤務を認めても業務上及び労務管理上支障がないと判断した場合、サテライトオフィス勤務を許可する。会社は、業務上必要と判断したとき、従業員から申請された日と別の日をサテライトオフィス勤務日として指定することがある。

4　前項で許可された勤務日以外のサテライトオフィス勤務は認めない。

5　会社は、業務上その他の事由により、第3項によるサテライトオフィス勤務の許可を取り消しまたはサテライトオフィス勤務日を変更することができる。

6　前各項の規定にかかわらず、会社は、業務上必要と判断したと
　　き、従業員に対してサテライトオフィス勤務を命じることができる。

　サテライトオフィス勤務の利用例としては、通勤または移動時間の短
縮、出張中における会社との業務連絡のための利用が考えられます（モ
デル就業規則・8頁）。在宅勤務については、①会社に引き続き雇用され
た期間が1年以上である者、②自宅の執務環境、セキュリティ環境、家
族の理解のいずれも適正と認められる者、③事務職その他情報通信技術
を利用して行う業務を主として行う者、④直近1年間、本規則を含む
服務規律違反がない者等の要件を課していましたが、サテライトオフィ
ス勤務については、自宅と比較して会社の支配権が及びやすいため、業
務上及び労務管理上支障がない場合に許可するという規定にしました。
　本規定では、月曜日の終業時刻までに翌週月曜日から金曜日までのサ
テライトオフィス勤務予定表を所属長に電子メールで申請するとしまし
たが、これはあくまで例示です。モデル就業規則では、1週間未満の場
合は所属長の許可を得れば申請書は不要とし、1週間以上の場合は申請
書の提出を義務付けています（モデル就業規則・8頁）。
　サテライトオフィス勤務については、在宅勤務と比較すると、福利厚
生を目的とする側面は弱く、業務管理や労働時間の管理も可能であると
考えられます。そのため、在宅勤務規定と異なり、勤務日の上限を定め
ていません。

（勤務場所）
第5条　会社は、必要に応じて、サテライトオフィス勤務日であっ
　　ても、サテライトオフィス勤務者に対して、他の事業場への出社
　　その他勤務場所の変更、出張を命じることができ、サテライトオ
　　フィス勤務者はこれに従わなければならない。なお、会社が移動

時間中に業務に従事するように指示した場合を除き、移動時間は労働時間に当たらないものとする。

　サテライトオフィス勤務者に対して、出社や勤務場所の変更、出張を命じることができる旨の規定です。

（サテライトオフィス勤務者の服務規律）

第6条　サテライトオフィス勤務者は就業規則第●条及びセキュリティガイドラインに定めるもののほか、次に定める事項を遵守しなければならない。

①　サテライトオフィス勤務の際に所定の手続に従って持ち出した会社の情報及び作成した成果物を第三者が閲覧、コピー等しないよう最大の注意を払うこと。

②　サテライトオフィス勤務中は業務に専念すること。

③　第1号に定める情報及び成果物は紛失、毀損しないように丁寧に取扱い、セキュリティガイドラインに準じた確実な方法で保管・管理しなければならないこと。

④　サテライトオフィス勤務中は会社の指示がない限り、会社が指定したサテライトオフィス以外の場所で業務を行ってはならないこと。

⑤　サテライトオフィス勤務の実施にあたっては、会社情報の取扱いに関し、セキュリティガイドライン及び関連規程類を遵守すること。

⑥　サテライトオフィス勤務の申請に際して、本規則の手続に従い、虚偽の申告をしないこと。

⑦　サテライトオフィス勤務に際して、会社が貸与した器具を業務以外の目的で使用しないこと。

　サテライトオフィス勤務者の服務規律について定めた規定です。

第3章　サテライトオフィス勤務時の労働時間等

●就業規則記載の労働時間と同一とするパターン

（サテライトオフィス勤務時の労働時間）

第7条　サテライトオフィス勤務時の労働時間については、就業規則第●条の定めるところによる。

サテライトオフィス勤務者の労働時間について定めた規定です。

なお、前述した通り、サテライトオフィス勤務については、原則として事業場外みなし労働時間制は適用されないと考えられます。そのため、本規程にも事業場外みなし労働時間制については記載していません。

●承認により始業時刻・終業時刻を変更することを可能とするパターン

（サテライトオフィス勤務時の労働時間）

第7条　サテライトオフィス勤務者のサテライトオフィス勤務時の労働時間については、就業規則第●条の定めるところによる。

2　サテライトオフィス勤務者は、前営業日午後5時までに各号の範囲内でサテライトオフィス勤務時の始業時刻、終業時刻を申請し、会社の承認を受けて始業時刻・終業時刻を変更することができる。なお、申請する時間の単位は15分単位とする。承認されない場合の始業時刻、終業時刻は、就業規則第●条に従う。

①　サテライトオフィス勤務者の1日当たりの労働時間は8時間とする。

②　必ず勤務しないといけない時間帯は、午前11時から午後3時までとする。

③　始業時刻、終業時刻は、以下の範囲内で申請することができる。

> 始業時間帯　午前 7 時から午前 11 時
> 終業時間帯　午後 3 時から午後 8 時

　承認により始業時刻・終業時刻を変更する場合のサテライトオフィス勤務者の労働時間について定めた規定です。

（休憩時間）
第8条　サテライトオフィス勤務者の休憩時間については、就業規則第●条の定めるところによる。

　労働基準法第 34 条 2 項では、原則として休憩時間を労働者に一斉に付与すると規定しています。ただし、労使協定により、サテライトオフィス勤務者の休憩時間とオフィス勤務者の休憩時間を別にすることが可能です。

（所定休日）
第9条　サテライトオフィス勤務者の休日については、就業規則第●条の定めるところによる。

　サテライトオフィス勤務者の休日について定めた規定です。

●就業規則を準用するパターン

（時間外及び休日労働等）
第10条　サテライトオフィス勤務時の時間外、休日及び深夜労働については、就業規則第●条の定めるところによる。

　サテライトオフィスについては、在宅勤務と比較して労働時間の管理が容易であると考えられるため、通常通りの規定を適用して問題ありません。

●時間外及び休日労働等に制限を設けるパターン

（時間外及び休日労働等）

第10条　所定休日におけるサテライトオフィス勤務は、原則として認めない。ただし、やむを得ない事由がある場合、所属長に電子メールで申請した上で、前日までに所属長の許可を得なければならない。

2　サテライトオフィス勤務日の深夜労働は、原則として認めない。ただし、やむを得ない事由がある場合、所属長に電子メールで申請した上で、午後9時までに所属長から許可を得なければならない。

3　サテライトオフィス勤務者がサテライトオフィス勤務日に時間外労働する場合、所属長に電子メールで申請した上で、終業時刻が終了する1時間前までに所属長から許可を得なければならない。サテライトオフィス勤務者のサテライトオフィス勤務日における時間外労働の上限時間は、原則として1日2時間とする。

4　前各項の規定にかかわらず、会社は、業務上の必要性がある場合、電子メールまたは書面で指示する方法で、所定休日労働、深夜労働、時間外労働（1日2時間を超える時間外労働を含む）を命じることができる。

　サテライトオフィス勤務においても、健康管理の観点から、深夜労働や所定休日労働は原則禁止とする規定です。

（欠勤等）

第11条　サテライトオフィス勤務者がサテライトオフィス勤務日に、私用で遅刻、早退もしくは欠勤をし、勤務を一部中断することは認めない。

2　サテライトオフィス勤務者が、遅刻、早退もしくは欠勤をし、勤務を一部中断する場合は、事前に申し出て許可を得なくてはならない。ただし、やむを得ない事情で事前に申し出ることができなかった場合は、事後速やかに届け出なければならない。

3　前項の遅刻、早退もしくは欠勤、勤務を一部中断した場合の賃金については、賃金規程第●条の定めるところによる。

4　前項の規定にかかわらず、フレックスタイム制の適用対象者が遅刻、早退もしくは欠勤、勤務を一部中断した場合の賃金については、労使協定に定めるところによる。

5　裁量労働制の適用対象者の遅刻、早退、勤務の一部中断については、欠勤の場合の賃金を除き、第1項から第3項の規定を適用しない。

6　高度プロフェッショナル制度の適用対象者の遅刻、早退、勤務の一部中断については、欠勤の場合の賃金を除き、第1項から第3項の規定を適用しない。

サテライトオフィス勤務者の欠勤等について定めた規定です。

フレックスタイム制、裁量労働制、高度プロフェッショナル制度の適用対象者については、例外を認めています。

第4章　サテライトオフィス勤務時の勤務体制等

（業務の開始及び終了の報告）

第12条　サテライトオフィス勤務者は、勤務の開始及び終了について自らタイムカードを打刻する方法で記録しなければならない。

　サテライトオフィス勤務者については、サテライトオフィスにタイムカードを設置し、勤務の開始及び終了を記録することが可能です。
　会社の支配権が及ばない共同利用型サテライトオフィスの場合は、在宅勤務の場合と同様に、自己申告制とするのが適切です。

（業務報告）

第13条　サテライトオフィス勤務者は、定期的又は業務上必要なとき、電話又は電子メール等で所属長に対し、所要の業務報告をしなくてはならない。

2　前項の規定にかかわらず、裁量労働制の適用対象者、高度プロフェッショナル制度の適用対象者は、業務上必要なとき又は所属長から指示があったとき、電話又は電子メール等で所属長に対し、所要の業務報告をしなくてはならない。

　裁量労働制、高度プロフェッショナル制度の適用対象者以外のサテライトオフィス勤務者に対して、定期的に業務報告を求める規定です。

（サテライトオフィス勤務時の連絡体制）

第14条　サテライトオフィス勤務時における連絡体制は、次の通りとする。

① 事故・トラブル発生時には所属長に連絡すること。なお、所属長が不在の場合は所属長が指名した代理の者に連絡すること。

② 前号の所属長又は代理の者に連絡がとれない場合は、○○課担当まで連絡すること。

③ 社内における従業員への緊急連絡事項が生じた場合、サテライトオフィス勤務者へは所属長が連絡をすること。なお、サテライトオフィス勤務者は不測の事態が生じた場合に確実に連絡がとれる方法をあらかじめ所属長に連絡しておくこと。

④ 情報通信機器に不具合が生じ、緊急を要する場合は○○課へ連絡をとり指示を受けること。なお、○○課へ連絡することができないときは、会社と契約しているサポート会社へ連絡すること。いずれの場合においても事後速やかに所属長に報告すること。

⑤ 前各号以外の緊急連絡の必要が生じた場合は、前各号に準じて判断し対応すること。

2 社内報、部署内回覧物であらかじめランク付けされた重要度に応じ至急でないものはサテライトオフィス勤務者の個人メール箱に入れ、重要と思われるものは電子メール等でサテライトオフィス勤務者へ連絡すること。なお、情報連絡の担当者はあらかじめ部署内で決めておくこと。

サテライトオフィス勤務者の緊急時の連絡体制に関して定めた規定です。

（教育訓練）

第15条 会社は、サテライトオフィス勤務者に対して、業務に必要な知識、技能を高め、資質の向上を図るため、必要な教育訓練を行う。

2 サテライトオフィス勤務者は、会社から教育訓練を受講するよ

う指示された場合には、特段の事由がない限り指示された教育訓練を受けなければならない。

サテライトオフィス勤務者の教育訓練に関する規定です。

第5章　サテライトオフィス勤務時の給与・費用負担

（給与）
第16条　サテライトオフィス勤務者の給与については、賃金規程の定めるところによる。

サテライトオフィス勤務者の給与については、賃金規程を準用しています。

（情報通信機器・ソフトウェア等の貸与等）
第17条　会社は、業務上必要と判断したとき、サテライトオフィス勤務者に対してパソコン、携帯電話等の情報通信機器、ソフトウェア及びこれらに類する物を貸与する。なお、当該物品は業務遂行に必要な範囲内で使用するものとし（私的利用は禁止する）、会社の許可がない限り、サテライトオフィス以外の場所で使用してはならない。当該物品に会社の許可を受けずにソフトウェアをインストールしてはならない。

2　会社は、必要と認めるとき、前項の物品に蓄積されたデータ等を閲覧・監視し、起動中のパソコン画面を閲覧・収集することができる。

　サテライトオフィス内の備品を使用すれば足りる場合が多く、サテライトオフィス勤務者に新たに費用負担を求めることは、基本的には想定していません。

- -

第6章　災害補償

（災害補償）

第18条　サテライトオフィス勤務者が業務上災害に遭ったときは、就業規則第●条の定めるところによる。

　サテライトオフィス勤務者の災害補償についての規定です。サテライトオフィス内での災害は、基本的に業務災害と認められることが多いと思われます。

- -

（安全衛生）

第19条　会社は、サテライトオフィス勤務者の安全衛生の確保及び改善を図るため必要な措置を講ずる。

2　サテライトオフィス勤務者は、安全衛生に関する法令等を守り、会社と協力して労働災害の防止に努めなければならない。

サテライトオフィス勤務者の安全衛生についての規定です。

4 モバイル勤務就業規則例

　ここからは、モバイル勤務者に適用されるモバイル勤務就業規則例について解説します。在宅勤務就業規則の基本的な考え方を前提に、詳しい法律上の論点や判例等は省略しています。在宅勤務就業規則との比較で注意する点は、以下の通りです。

　モバイル勤務は、営業職、販売・サービス職等が移動時間の短縮や業務効率化を図る目的で導入するものです。在宅勤務のように福利厚生目的で導入するものではないため、希望者を対象とするのではなく、業務効率化の観点から、会社の判断で業務命令とすることが適切です（第4条）。

　直行直帰のモバイル勤務者については、下記の3つの条件を満たすのであれば、事業場外みなし労働時間制の適用を検討すべきです（第7条）。

条件①　業務を行う具体的な方法や時間帯について従業員に裁量が認められること

条件②　事後的な報告では現実に行われた業務を具体的かつ網羅的に使用者が検証・確認することが困難であること

条件③　業務に携帯電話やノートパソコンを利用する場合、携帯電話やノートパソコンを通じた使用者の指示に従業員が即時に対応することが義務付けられていないこと

　ただし、この3つの条件を全て満たすことは、実際にはそれほど多くないと思われます。モバイル勤務者について、事業場外みなし労働時間制が適用できるかどうかは、裁判例等を踏まえて、専門家に意見を聴くなどして判断することが望ましいといえます。

第1章　総　則

（目的）
第1条　この規則（以下「本規則」という）は、○○株式会社（以
　　下「会社」という）の従業員がモバイル勤務する場合の必要な事
　　項について定めたものである。
2　本規則に定めがない事項については、就業規則に定める。

　テレワークを大別すると、「在宅勤務」「サテライトオフィス勤務」「モ
バイル勤務」の3種類があります。第1条は、モバイル勤務者を対象
とする就業規則であることを明らかにしたものです。

（本規則の適用範囲）
第2条　本規則の適用対象となるモバイル勤務者とは、第4条1項
　　により会社からモバイル勤務の命令をされた従業員をいう。

　第2条は、モバイル勤務就業規則の適用対象となるモバイル勤務者
の定義規定です。

（規則の遵守）
第3条　従業員は、本規則を守り、モバイル勤務に従事しなければ
　　ならない。

　第3条は、モバイル勤務の就業規則が労働契約の内容になるため、従
業員がモバイル勤務を行う場合、本規則を守らなければならないことを
規定しています。

第2章　モバイル勤務の許可、勤務場所、服務規律

（モバイル勤務の対象者）

第4条　会社は、主として事業場外で勤務する者を対象に、業務上
　　必要と判断したとき、モバイル勤務を命令する。

2　　特段の指示がない限り、モバイル勤務日は、事業場外で業務を
　　行うこととする。

　モバイル勤務の場所として、顧客先、移動中、出張先のホテル、交通
機関、図書館、喫茶店などが考えられます。モバイル勤務に適した業種
としては、営業職、販売・サービス職であり（調査・12頁）、直行直帰
との組み合わせが多いと思われます。

　モバイル勤務の目的としては、その都度、帰社して仕事をするよりも
事業場外で仕事をすることを認めることで、移動時間の短縮や業務の効
率化を図ることが挙げられます。直行直帰を認める場合、例えば、自宅
→オフィス→顧客→オフィス→自宅という移動が、自宅→顧客→自宅の
移動となるため、オフィス→顧客→オフィスに費やす時間を顧客対応に
振り替えることができ、顧客満足度が上昇するとされています。

　モバイル勤務については、希望者を対象とするのではなく、会社の判
断で業務命令とすることが適切です。

　なお、日常業務が外回りの場合、制度がなくても本人の判断でモバイ
ル勤務を行っている例が多いと思われますが、本規定はこれを制度化す
る趣旨です。例えば、営業社員が取引先に向かう電車内でノートパソコ
ンで調べ物をするのは、短時間ではあるもののモバイル勤務をしている
ことになります。

　主に事業場外の移動時間等に必要に応じて業務に従事することを想定

しているため、事業場外みなし労働時間制の適用対象とすることを積極的に検討すべきです。

（勤務場所）

第5条　モバイル勤務者の勤務場所は、ホテル、飛行機、電車、タクシーその他交通機関、立ち寄り型オフィス、取引先（ただし取引先の許可があった場合に限る）とする。喫茶店、図書館等その他不特定または多数人が立ち入り可能な場所及び自宅でのモバイル勤務は認めない。

2　会社は、必要に応じて、モバイル勤務日であっても、モバイル勤務者に対して、事業場への出社その他勤務場所の変更、出張を命じることができ、モバイル勤務者はこれに従わなければならない。なお、会社が移動時間中に業務に従事するように指示した場合を除き、移動時間は労働時間に当たらないものとする。

　勤務場所については、情報漏洩防止の観点から、不特定多数が出入りする場所での勤務を禁止しました。モバイル勤務を認める場所については、様々な選択肢が考えられ、喫茶店や図書館でのモバイル勤務を認める選択肢も考えられます。

　自宅で仕事をすることを禁止しているのは、在宅勤務との区別や長時間労働防止の観点からですが、モバイル勤務者に自宅での勤務を認める選択肢も考えられます。

（モバイル勤務者の服務規律）

第6条　モバイル勤務者は就業規則第●条及びセキュリティガイドラインに定めるもののほか、次に定める事項を遵守しなければならない。

① モバイル勤務の際に所定の手続に従って持ち出した会社の情報及び作成した成果物を第三者が閲覧、コピー等しないよう最大の注意を払うこと。

② モバイル勤務中は業務に専念すること。

③ 第1号に定める情報及び成果物は紛失、毀損しないように丁寧に取扱い、セキュリティガイドラインに準じた確実な方法で保管・管理しなければならないこと。

④ モバイル勤務中は第5条1項で定める場所で業務を行ってはならないこと。

⑤ モバイル勤務の実施にあたっては、会社情報の取扱いに関し、セキュリティガイドライン及び関連規程類を遵守すること。

⑥ モバイル勤務の申請に際して、本規則の手続に従い、虚偽の申告をしないこと。

⑦ モバイル勤務に際して、会社が貸与した器具を業務以外の目的で使用しないこと。

⑧ パソコンを使用する場合、リモートデスクトップ方式を採用すること。

モバイル勤務の場合、パソコン等の紛失リスクがあるため、リモートデスクトップ方式を採用すべきです。

第3章　モバイル勤務時の労働時間等

●就業規則記載の労働時間と同一とするパターン

（モバイル勤務時の労働時間）
第7条　モバイル勤務時の労働時間については、就業規則第●条の定めるところによる。

モバイル勤務者について、通常の労働時間を適用する場合の規定です。

●承認により始業時刻・終業時刻を変更することを可能とするパターン

（モバイル勤務時の労働時間）

第7条　モバイル勤務者のモバイル勤務時の労働時間については、就業規則第●条の定めるところによる。

2　モバイル勤務者は、前営業日午後5時までに各号の範囲内でモバイル勤務時の始業時刻、終業時刻を申請し、会社の承認を受けて始業時刻・終業時刻を変更することができる。なお、申請する時間の単位は15分単位とする。承認されない場合の始業時刻、終業時刻は、就業規則第●条に従う。

① 　モバイル勤務者の1日当たりの労働時間は8時間とする。

② 　必ず勤務しないといけない時間帯は、午前11時から午後3時までとする。

③ 　始業時刻、終業時刻は、以下の範囲内で申請することができる。
　始業時間帯　午前7時から午前11時
　終業時間帯　午後3時から午後8時

モバイル勤務者について、承認により始業時刻・終業時刻を変更することを可能とする場合の規定です。

●事業場外みなし労働時間制を採用するパターン

（モバイル勤務時の労働時間）

第7条　モバイル勤務時の労働時間については、就業規則第●条の定めるところによる。

2　前項にかかわらず、モバイル勤務者が次の各号全てに該当するときその他労働時間を算定し難いときであって会社が必要と認めた場合は、就業規則第●条を適用し、モバイル勤務日、就業規則第

●条に定める所定労働時間の労働をしたものとみなす。事業場外みなし労働時間制が適用されるモバイル勤務者の労働条件については、原則として労働条件通知書等の書面により明示する。

①　情報通信機器を通じた会社の指示に対する応答を原則としてモバイル勤務者に任せていること。

②　モバイル勤務者の業務が常に所属長から随時指示命令を受けなければ遂行できない業務でないこと。

　モバイル勤務者については、事業場外みなし労働時間制と親和性が高いため、この条項の導入を検討すべきです。

　ただし、モバイル勤務者であれば、無条件に事業場外みなし労働時間制の適用対象となるわけではありません。

（休憩時間）

第8条　モバイル勤務者の休憩時間については、就業規則第●条の定めるところによる。

モバイル勤務者の休憩時間についての規定です。

（所定休日）

第9条　モバイル勤務者の休日については、就業規則第●条の定めるところによる。

モバイル勤務者の所定休日についての規定です。

●就業規則を準用するパターン

（時間外及び休日労働等）

第10条　モバイル勤務時の時間外、休日及び深夜労働について
は、就業規則第●条の定めるところによる。

本規定では、モバイル勤務者について、通常のオフィス勤務者と同様
の取扱いとしました。

●時間外及び休日労働等に制限を設けるパターン

（時間外及び休日労働等）

第10条　所定休日におけるモバイル勤務は、原則として認めな
い。ただし、やむを得ない事由がある場合、所属長に電子メールで
申請した上で、前日までに所属長の許可を得なければならない。

2　モバイル勤務日の深夜労働は、原則として認めない。ただし、や
むを得ない事由がある場合、所属長に電子メールで申請した上
で、午後9時までに所属長から許可を得なければならない。

3　前各項の規定にかかわらず、会社は、業務上の必要性がある場
合、電子メールまたは書面で指示する方法で、所定休日労働、深夜
労働を命じることができる。

モバイル勤務者については、通常の営業職と同様の規定を適用すれば
済む場合が多いと思われます。深夜労働や所定休日労働については、許
可制としました。

（欠勤等）

第11条　モバイル勤務者がモバイル勤務日に、私用で遅刻、早退も

しくは欠勤をし、勤務を一部中断することは認めない。

2　モバイル勤務者が、遅刻、早退もしくは欠勤をし、勤務を一部中断する場合は、事前に申し出て許可を得なくてはならない。ただし、やむを得ない事情で事前に申し出ることができなかった場合は、事後速やかに届け出なければならない。

3　前項の遅刻、早退もしくは欠勤、勤務を一部中断した場合の賃金については、賃金規程第●条の定めるところによる。

4　前項の規定にかかわらず、フレックスタイム制の適用対象者が遅刻、早退もしくは欠勤、勤務を一部中断した場合の賃金については、労使協定に定めるところによる。

5　第1項から第3項の規定にかかわらず、事業場外みなし労働時間制の適用対象者のモバイル勤務日の勤務の一部中断については、欠勤の場合の賃金を除き、労働条件通知書等の書面で定める。

6　裁量労働制の適用対象者の遅刻、早退、勤務の一部中断については、欠勤の場合の賃金を除き、第1項から第3項の規定を適用しない。

7　高度プロフェッショナル制度の適用対象者の遅刻、早退、勤務の一部中断については、欠勤の場合の賃金を除き、第1項から第3項の規定を適用しない。

　5項については、直行直帰型のモバイル勤務者を事業場外みなし労働時間制の適用対象者とする場合、短時間の業務中断を認めるかどうかを検討すべきです。モバイル勤務については、在宅勤務と異なり、勤務中に家事、育児、介護をすることは想定されていません。在宅勤務者と比較すると、事業場外みなし労働時間制が適用されるモバイル勤務者について、規則上、短時間の業務中断を積極的に認める必要性は乏しいといえるでしょう。

第4章　モバイル勤務時の勤務体制等

（業務の開始及び終了の報告）

第12条　モバイル勤務者は就業規則第●条の規定にかかわらず、勤務の開始及び終了について、勤務開始時及び勤務終了時に電子メールで報告しなければならない。

　直行直帰型のモバイル勤務者については、タイムカードによる打刻は困難であり、電子メールでの自己申告制としています。

　他方、出社時や退社時にオフィスに立ち寄ることを求める場合、タイムカードによる打刻を原則とすべきです。

（業務報告）

第13条　モバイル勤務者は、定期的又は業務上必要なとき、電話又は電子メール等で所属長に対し、所要の業務報告をしなくてはならない。

2　前項の規定にかかわらず、事業場外みなし労働時間制の適用対象者、高度プロフェッショナル制度の適用対象者は、業務上必要なとき又は所属長から指示があったとき、電話又は電子メール等で所属長に対し、所要の業務報告をしなくてはならない。

　事業場外みなし労働時間制や裁量労働制、高度プロフェッショナル制度の適用対象者以外のモバイル勤務者に対して、定期的に報告を求める規定です。直行直帰型のモバイル勤務者に事業場外みなし労働時間制を適用するのであれば、定期的に報告を求めることは適切でないことが多いといえます。

（モバイル勤務時の連絡体制）

第14条　モバイル勤務時における連絡体制は、次の通りとする。

①　事故・トラブル発生時には所属長に連絡すること。なお、所属長が不在の場合は所属長が指名した代理の者に連絡すること。

②　前号の所属長又は代理の者に連絡がとれない場合は、○○課担当まで連絡すること。

③　社内における従業員への緊急連絡事項が生じた場合、モバイル勤務者へは所属長が連絡をすること。なお、モバイル勤務者は不測の事態が生じた場合に確実に連絡がとれる方法をあらかじめ所属長に連絡しておくこと。

④　情報通信機器に不具合が生じ、緊急を要する場合は○○課へ連絡をとり指示を受けること。なお、○○課へ連絡することができないときは、会社と契約しているサポート会社へ連絡すること。いずれの場合においても事後速やかに所属長に報告すること。

⑤　前各号以外の緊急連絡の必要が生じた場合は、前各号に準じて判断し対応すること。

2　社内報、部署内回覧物であらかじめランク付けされた重要度に応じ至急でないものはモバイル勤務者の個人メール箱に入れ、重要と思われるものは電子メール等でモバイル勤務者へ連絡すること。なお、情報連絡の担当者はあらかじめ部署内で決めておくこと。

モバイル勤務者に対して、緊急時の報告を求める旨の規定です。

（教育訓練）

第15条　会社は、モバイル勤務者に対して、業務に必要な知識、技能を高め、資質の向上を図るため、必要な教育訓練を行う。

2　モバイル勤務者は、会社から教育訓練を受講するよう指示された場合には、特段の事由がない限り指示された教育訓練を受けなければならない。

モバイル勤務者の教育訓練について定めた規定です。

第5章　モバイル勤務時の給与・費用負担

（給与）

第16条　モバイル勤務者の給与については、賃金規程の定めるところによる。

2　前項の規定にかかわらず、モバイル勤務者については、合理的な経路の公共交通機関の実費を支給する。

モバイル勤務者については、直行直帰を認めることが多く、オフィスに通勤する頻度もまちまちであると考えられます。ここでは、公共交通機関の実費を支給するとしています。

（費用の負担）

第17条　会社が貸与する情報通信機器を利用する場合の通信費（ただし会社が認める方法に限る）及び業務に必要な郵送費、事務用品費、消耗品費その他会社が認めた費用は会社負担とする。

2　その他前各項に記載されていないモバイル勤務に要する費用についてはモバイル勤務者の負担とする。

モバイル勤務時の通信費については、会社負担としました。通信費以外にモバイル勤務者が負担する費用はないことが多く、通常、テレワーク手当を別途支払う必要はありません。

（情報通信機器・ソフトウェア等の貸与等）

第18条　会社は、業務上必要と判断したとき、モバイル勤務者に対してパソコン、携帯電話等の情報通信機器、ソフトウェア及びこれらに類する物を貸与する。なお、当該物品は業務遂行に必要な範囲内で使用するものとし（私的利用は禁止する）、会社の許可がない限り、第5条1項で定める場所で使用してはならない。当該物品に会社の許可を受けずにソフトウェアをインストールしてはならない。

2　会社は、必要と認めるとき、前項の物品に蓄積されたデータ等を閲覧・監視し、起動中のパソコン画面を閲覧・収集することができる。貸与した携帯電話（スマートフォンを含む）のGPS機能を利用したモニタリング（勤務時間帯及びその前後の時間帯に限る）についても同様とする。

3　会社は、モバイル勤務者が所有する機器を利用させることができる。この場合、セキュリティガイドラインを満たした場合に限るものとし、費用については話し合いの上決定するものとする。

　モバイル勤務時の情報通信機器の貸与については、在宅勤務の場合と同様です。

第6章　災害補償

（災害補償）

第19条　モバイル勤務者が業務上災害に遭ったときは、就業規則第●条の定めるところによる。

モバイル勤務者の災害補償について定めた規定です。

（安全衛生）

第 20 条　会社は、モバイル勤務者の安全衛生の確保及び改善を図るため必要な措置を講ずる。

2　モバイル勤務者は、安全衛生に関する法令等を守り、会社と協力して労働災害の防止に努めなければならない。

モバイル勤務者の安全衛生について定めた規定です。

第 IV 章

就業規則付属様式例

1 在宅勤務者誓約書

　下記のひな形は、事業場外みなし労働時間制、裁量労働制、高度プロフェッショナル制度以外の在宅勤務者を対象とした在宅勤務者誓約書の例です。事業場外みなし労働時間制、裁量労働制、高度プロフェッショナル制度が適用される者については、下記1項の「たとえ短時間であっても、就業時間中は休憩時間を除き、私用メール、私用外出、業務外ウェブサイト閲覧、育児・家事等の私的行為を致しません。」という部分を削除します。

在宅勤務者誓約書

株式会社○○○○御中

1　私は、在宅勤務での就業時間中、会社が許可した自宅で業務に専念します。たとえ短時間であっても、就業時間中は休憩時間を除き、私用メール、私用外出、業務外ウェブサイト閲覧、育児・家事等の私的行為を致しません。

2　在宅勤務の申請に際して、就業規則に定める手続に従い申請し、その申請内容に偽りはありません。

3　私の自宅は、机、椅子、照明や空調設備、インターネット接続等業務を行うに際して支障をきたさない執務環境が具備されています。

4　一度、在宅勤務が許可された場合であっても、業務上その他の事由により、在宅勤務の許可が取り消されることがあること、出張、出社を命じられることがあることを理解し、会社の指示に従います。

5　業務を開始した時刻と業務を終了した時刻については、会社の指示する方法で所属長に正確に報告します。

6　私は以下の点を厳守し、情報漏洩がないように管理します。

①　会社が貸与または指定した端末以外で業務に従事しないこと。

②　ウイルス対策ソフトを適切に導入し、そのバージョンを最新に保つこと。

③　信頼できないアプリのダウンロードや信頼できないウェブサイトへのアクセスを行わないこと。

④　業務に使用する端末を自宅から持ち出すときは、紛失、盗難に備え、リモートロック機能を使用すること。

⑤　会社が許可した自宅以外の場所で業務を行わないこと。

⑥　業務に利用する端末を家族や第三者に使用させないこと。

⑦　業務に利用する端末を家族や第三者が使用できないようにパスワードロックを設定すること。

⑧　在宅勤務の際に所定の手続に従って持ち出した会社の情報及び作成した成果物を第三者（家族も含む）が閲覧、コピー等しないよう最大の注意を払うこと。

7　私は、業務に利用する端末について以下の事由に該当したときは、直ちに会社に届け出るとともに、情報が第三者に漏洩しないように必要な措置をとります。

①　紛失、破損、盗難に遭ったとき。

②　ウイルスに感染したとき。

③　業務上の情報が漏洩し、または漏洩した可能性があるとき。

8　その他就業規則、在宅勤務就業規則その他諸規則を遵守します。

令和　　年　　月　　日

（氏　名）　　　　　　　　　印

2 サテライトオフィス勤務者誓約書

　裁量労働制、高度プロフェッショナル制度以外のサテライトオフィス勤務者を対象としたものです。裁量労働制、高度プロフェッショナル制度が適用される者の場合は、下記1項の「たとえ短時間であっても、就業時間中は休憩時間を除き、私用メール、私用外出、業務外ウェブサイト閲覧等の私的行為を致しません。」という部分を削除します。

サテライトオフィス勤務者誓約書

株式会社○○○○御中

1　私は、サテライトオフィス勤務での就業時間中、会社が許可したサテライトオフィスで業務に専念します。たとえ短時間であっても、就業時間中は休憩時間を除き、私用メール、私用外出、業務外ウェブサイト閲覧等の私的行為を致しません。

2　サテライトオフィス勤務の申請に際して、就業規則に定める手続に従い申請し、その申請内容に偽りはありません。

3　一度、サテライトオフィス勤務が許可された場合であっても、業務上その他の事由により、サテライトオフィス勤務の許可が取り消されることがあること、出張、出社を命じられることがあることを理解し、会社の指示に従います。

4　業務を開始した時刻と業務を終了した時刻については、サテライトオフィス内に設置されたタイムカードを打刻する方法で正確に記録します。

5　私は以下の点を厳守し、情報漏洩がないように管理します。
　　①　会社が貸与または指定した端末以外で業務に従事しないこと。
　　②　ウイルス対策ソフトを適切に導入し、そのバージョンを最新
　　　に保つこと。
　　③　信頼できないアプリのダウンロードや信頼できないウェブサ
　　　イトへのアクセスを行わないこと。
　　④　業務に使用する端末をサテライトオフィスから持ち出すとき
　　　は、紛失、盗難に備え、リモートロック機能を使用すること。
　　⑤　会社が許可したサテライトオフィス以外の場所で業務を行わ
　　　ないこと。
　　⑥　業務に利用する端末を第三者に使用させないこと。
　　⑦　業務に利用する端末を第三者が使用できないようにパスワー
　　　ドロックを設定すること。
　　⑧　サテライトオフィス勤務の際に所定の手続に従って持ち出し
　　　た会社の情報及び作成した成果物を第三者が閲覧、コピー等し
　　　ないよう最大の注意を払うこと。
6　私は、業務に利用する端末について以下の事由に該当したとき
　は、直ちに会社に届け出るとともに、情報が第三者に漏洩しない
　ように必要な措置をとります。
　　①　紛失、破損、盗難に遭ったとき。
　　②　ウイルスに感染したとき。
　　③　業務上の情報が漏洩し、または漏洩した可能性があるとき。
7　その他就業規則、サテライトオフィス勤務就業規則その他諸規
　則を遵守します。

令和　　　年　　　月　　　日

（氏　　名）　　　　　　　　　印

3 在宅勤務許可申請書

在宅勤務就業規則に基づき、従業員が会社に提出する申請書です。

在宅勤務許可申請書

株式会社○○○○
（直属の上司）殿

申請日：令和　　年　　月　　日
所　属：○○○○
氏　名：○○○○　印

　私は勤務規程第●条により、在宅勤務を希望するため、以下の通り申請致します。

1.　在宅勤務希望日（1週間単位）

2.　在宅勤務の理由
（1）育児
（2）介護
（3）業務の効率化
（4）その他
（　　　　　　　　　　　　　　　　　　　　　　　　）

以上

---

4 同居の親族等の同意書

在宅勤務に際して、同居の親族等から同意を取得するための書式です。

株式会社○○御中

在宅勤務同居人承諾書

　下記在宅勤務について、以下の内容を確認した上で、在宅勤務を承諾致します。

1　　下記在宅勤務場所には、机、椅子、照明や空調設備、インターネット接続等業務を行うに際して支障をきたさない執務環境が具備されています。
2　　在宅勤務中、在宅勤務者に話しかけるなどして、在宅勤務者の業務を妨害しません。
3　　在宅勤務中に事故が発生した場合、会社に連絡するとともに事実関係の確認等の調査に協力します。

記

1. 在宅勤務者：
2. 目　的：在宅勤務により、株式会社○○の業務を行うこと
3. 居宅所在地：
4. 在宅勤務場所：（居宅内　書斎）

以上

私は、在宅勤務について自宅を使用することを承諾します。

令和　　年　　月　　日

同居人代表者住所
在宅勤務者との関係
同居人代表者氏名

---

5 在宅勤務命令書

在宅勤務についての初回の許可を書面で行う場合の規定です。

在宅勤務命令書

所属部門　○○○○
氏　名　○○○○殿

株式会社　○○○○
人事部長　○○○○　印

　以降、在宅勤務を命じる場合の勤務する場所、従事すべき業務の内容及び労働条件については、別途指示がない限り、本命令書記載の通りとする。

記

在宅勤務日：
勤務する場所：
従事すべき業務の内容：○○業務その他これに付随し又は会社が命じた業務
労働条件：就業規則、在宅勤務就業規則等による

6 事業場外みなし労働時間制の適用対象者の労働条件通知書

　事業場外みなし労働時間制が適用される在宅勤務者を対象とする書式です。在宅勤務者に事業場外みなし労働時間制が適用されるかどうかについて、直接参考になる裁判例がないため、慎重な判断が必要です。ガイドラインには条件が記載されていますが、今後、同様の基準で裁判所が判断するかどうかは不明です。

　事業場外みなし労働時間制の適用対象者とその労働条件を書面で合意するのは、事実上、紛争を予防する意味があります。第5項では、育児、家事、介護のため、概ね15分以内の短時間の業務中断を認めていますが、これはあくまで例示です。企業としての考え方によりますが、育児、家事、介護以外の私的行為を認めることもできます。なお、このような定めを置かなければ、事業場外みなし労働時間制が適用されないという趣旨ではありません。第9項は、効率よく仕事を終わらせることができる者は、早めに仕事を切り上げることを認める旨の定めです。ただし、このような定めを置かなければ、事業場外みなし労働時間制が適用されないという趣旨ではありません。

在宅勤務時の労働条件について

株式会社○○○○　御中

1　在宅勤務での就業時間中、会社が許可した自宅で会社の業務に専念しなければなりません。
2　在宅勤務中に従事すべき業務は、○○及びこれに付随する業務となります。ただし、業務上の必要がある場合、業務内容が変更される可能性があります。

3　会社からパソコン、携帯電話により連絡が入ることがあります。緊急時以外の場合、会社から明示的な指示がない限り、業務上の必要性の程度、他の業務の遂行状況等を考慮して、在宅勤務者の判断で適切に対応してください。ただし、緊急時、直ちに対応する必要があります。

4　就業規則第●条を適用し、在宅勤務日、就業規則第●条に定める8時間の労働をしたものとみなされます。実際の労働時間が8時間を超えていても、8時間を下回っていても、8時間の労働をしたものとみなされます。8時間を超えて業務に従事しても時間外労働割増賃金が支払われることはありません。

5　業務に支障が生じないのであれば、在宅勤務中、育児、家事、介護のため概ね15分以内の短時間の業務中断を認めます。ただし、私用外出は認めません。

6　休憩時間を除く概ね15分以上の業務中断については、電子メールで所属長の許可がない限り認めません。

7　業務を開始した時刻と業務を終了した時刻については、所属長に報告しなければなりません。

8　始業時刻は、午前9時とします。遅刻をする場合、事前に申し出て許可を受けなければなりません。ただし、やむを得ない理由で事前に申し出ることができなかった場合は、事後速やかに届け出なければなりません。

9　終業時刻は、午後6時を基本としますが、業務に支障をきたさない限り、在宅勤務者の判断で終了させることができます。この場合も賃金を減額しません。ただし、午後5時までに終了する場合、事前に上司の許可が必要です。

10　一度、在宅勤務が許可された場合であっても、業務上その他の事由により、在宅勤務の許可が取り消されることがあります。

また在宅勤務日に出張、出社を命じられることがあり、在宅勤務者はこれに従わなければなりません。

11　その他の労働条件は、就業規則、在宅勤務就業規則その他諸規則に定めます。

以上

　在宅勤務をする場合の私の労働条件が以上の通りであることを理解の上、これに同意します。

令和　　年　　月　　日

（氏　名）　　　　　印

【巻末資料：就業規則本則】

　正社員全員に適用される一般の就業規則例です。

　テレワーク勤務者にも、一般の就業規則が適用されます。ただし、通常のオフィス勤務者と異なり、在宅勤務・感染症対策等のための緊急時在宅勤務・サテライトオフィス勤務・モバイル勤務のための就業規則で異なるルールを定めた場合、この異なるルールが優先して適用されます。テレワークを運用する上での留意点は、以下の通りです。

　まず、自宅やサテライトオフィスでの勤務を業務命令する可能性がある点については、第8条2項に明記しています。

　次に、一般の就業規則とは別にテレワークのための就業規則が適用されることは、第8条4項に明記しています。

　また、柔軟な労働時間制を実現する観点から、第15条の2以下に、フレックスタイム制、事業場外みなし労働時間制、裁量労働制、高度プロフェッショナル制度の条項例を掲載していますので、参考にしていただければと思います。

就業規則

第1章　総　則

（目的）
第1条　この就業規則（以下「本規則」という。）は、○○株式会社の従業員の労働条件、服務規律その他の就業に関する事項を定めるものである。

2　この規則に定めのない事項については、労働基準法その他の法令の

定めによる。

（適用範囲）
第2条　本規則の適用対象になる「従業員」とは、期間の定めなく正
　　　社員として雇用された者をいう。
2　契約社員、定年後再雇用者、パートタイム労働者及び派遣社員につ
　　いては、本規則を適用しない。

（規則の遵守）
第3条　会社及び従業員は、ともにこの規則を守り、互いに協力して
　　　業務の運営に当たらなければならない。

第2章　人　事

（採用手続）
第4条　会社は、就職希望者のうちから選考して、従業員を採用する。

（採用時の提出書類）
第5条　従業員に採用された者は、次の書類を採用日から2週間以内
　　　に提出しなければならない。
　①　入社誓約書
　②　身元保証書
　③　秘密保持誓約書
　④　住民票記載事項証明書
　⑤　資格証明書の写し
　⑥　通勤に利用する交通機関と経路
　⑦　通勤に車両を使用する場合は、車検証の写し及び自賠責保険・任

　意保険の保険証書の写し

⑧　健康診断書（入社後の健康管理と適正配置に資するもの）

⑨　マイナンバーに関する書類

⑩　その他会社が必要と認めたもの

2　前項の提出書類の記載事項に変更が生じたときは、速やかに書面で変更事項を届け出なければならない。

（試用期間）

第6条　新たに採用した者については、採用日から3か月間を試用期間とする。ただし、会社が適当と認めるときは、この期間を短縮、延長又は、設けないことがある。

2　試用期間中に従業員として不適格と認められた者は、解雇することがある。

3　試用期間は、勤続期間、勤続年数に通算する。

（労働条件の明示）

第7条　会社は、従業員を採用するとき、採用時の賃金、就業場所、従事する業務、労働時間、休日、その他の労働条件を記した雇用契約書及びこの規則の写しを交付して労働条件を明示するものとする。

（人事異動）

第8条　会社は、業務上必要がある場合は、従業員の就業する場所（自宅、サテライトオフィスでの勤務を含む）又は従事する業務の変更、昇格、降格を命ずることがある。

2　会社は、業務上必要がある場合に、転勤、職種変更、昇格、降格又は出向を命じることができる。従業員は正当な理由なくこれを拒むことはできない。

3　出向者の出向にあたっての労働条件は、会社と従業員の間で別途協議する。

4　在宅勤務、サテライトオフィス勤務、モバイル勤務にあたっての労働条件や服務規律その他の就業に関する事項については、本規則に定めるほか別に定める在宅勤務就業規則、サテライトオフィス勤務就業規則、モバイル勤務就業規則に定める。

（休職）

第9条　会社は、従業員が次の各号の一に該当する場合は、当該従業員に対し、休職を命ずることがある。

①　業務外の傷病により引き続き欠勤し、1か月を経過しても、その傷病が治癒しないとき。

②　業務外の傷病により通常の労務の提供ができず、またその回復に一定の期間を要するとき。

③　前各号のほか、特別の事情があって会社が休職をさせることを適当と認めたとき。

2　前項は、試用期間中の者及び勤続1年未満の者には適用されない。

3　業務外の傷病を理由とする休職（以下、「私傷病休職」という）のとき、従業員は医師の診断書を会社に提出しなければならない。

4　前項の診断書の提出に際して、会社が診断書を作成した医師に対する面談による事情聴取を求めた場合、従業員はその実現に協力しなければならない。

5　会社は、第3項の診断書が提出された場合といえども、必要があれば従業員に対し会社の指定する医師への受診を求めることがある。会社は、従業員が正当な理由なくこれを拒否した場合、第3項の診断書を、休職を命ずるか否かの判断材料として採用しないことがある。

6　従業員は、私傷病休職による休職期間中、療養に専念しなければならない。

（休職期間）

第9条の2　休職期間は、休職事由を考慮の上、次の期間を限度として
　　会社が定める。

　①　前条第1項1号、2号の場合

　　　　勤続1年以上5年未満の者　　　　　1か月

　　　　勤続5年以上10年未満の者　　　　3か月

　　　　勤続10年以上の者　　　　　　　　6か月

　②　前条第1項3号　会社が認めた期間

2　　私傷病休職で、復職後6か月以内に同一又は類似の傷病により欠
　　勤したときは、その欠勤開始日より再休職とみなし、前回の休職期間
　　と通算する。

（休職期間中の取り扱い）

第9条の3　休職期間については賃金を支給せず、また勤続年数にも通
　　算しない。

2　　休職中の従業員は、休職期間中の社会保険料の本人負担分を会社が
　　指定する日までに、会社が指定する銀行口座に振り込み送金しなけれ
　　ばならない。

3　　私傷病休職中の者は、会社が求めたとき、現状の報告又は会社が指
　　定する医師の診断書を提出しなければならない。

（休職期間満了時の手続）

第9条の4　休職期間が満了しても、休職事由が消滅しない場合は、休
　　職期間の満了をもって自動退職とする。

2　　私傷病休職していた者が、休職事由が消滅したとして復職を申し出る
　　ときは、当該従業員は医師の診断書を会社に提出しなければならない。

3　　前項の診断書が提出に際し、会社が診断書を作成した医師からの面

談による意見聴取を求めた場合、従業員はこれに応じ、協力しなければならない。

4　会社は、第2項の診断書が提出された場合といえども、必要があれば従業員に対し会社の指定する医師への受診を求めることがある。会社は、従業員が正当な理由なくこれを拒否した場合、第2項の診断書を、休職事由が消滅したか否かの判断材料として採用しないことがある。

第3章　服務規律

（服務）

第10条　従業員は、職務上の責任を自覚し、誠実に職務を遂行するとともに、会社の指示命令に従い、職場秩序の維持に努めなければならない。

（遵守事項）

第11条　従業員は、次の事項を守らなければならない。

① 　勤務中は職務に専念し、みだりに勤務場所を離れないこと。

② 　許可なく職務以外の目的で会社の施設、物品等を使用しないこと。

③ 　職務に関連して自己の利益を図り、又は、他より不当に金品を借用し、もしくは贈与を受けるなど不正な行為を行わないこと。

④ 　正当な理由なく、会社の名誉又は信用を損なう行為をしないこと。

⑤ 　正当な理由なく、会社、取引先等の機密を漏らさないこと。

⑥ 　会社の許可なく兼業・副業をしないこと。

⑦ 　その他酒気をおびて就業するなど従業員としてふさわしくない行為をしないこと。

⑧ 　反社会的勢力（暴力団員、暴力団員でなくなったときから5年

を経過しないもの、暴力団準構成員、暴力団関係企業・団体、総会屋、社会運動等標ぼうゴロ等、特殊知能暴力団等その他反社会的勢力の構成員、その他これらに準じる者）と社会的に非難されるべき関係を持たないこと。

⑨　その他前各号に準ずる事項で企業秩序を乱し、又はそのおそれを発生させる行為をしないこと。

（セクシャルハラスメントの禁止）

第12条　従業員は、性的言動により、他の従業員（契約社員、定年後再雇用者、パートタイム労働者及び派遣社員を含む）に不利益や不快感を与えたり、就業環境を害するようなことをしてはならない。

（職場のパワーハラスメント等の禁止）

第12条の2　従業員は、パワーハラスメント（職場において行われる優越的な関係を背景とした言動であって、業務上必要かつ相当な範囲を超えたものにより、労働者の就業環境が害されるもの）を行ってはならない。

2　従業員は、たとえ教育、指導の目的であっても、他の従業員（契約社員、定年後再雇用者、パートタイム労働者及び派遣社員を含む）に対し、暴行、脅迫、又は個人の名誉を棄損する等の違法な言動を行ってはならない。

（マタニティハラスメントの禁止）

第12条の3　従業員は、職場において、他の従業員（契約社員、定年後再雇用者、パートタイム労働者及び派遣社員を含む）の妊娠、出産、育児又は介護に関する言動、並びにこれらを理由とする休業又は措置の利用等の妨げとなるような言動を行い、当該従業員の就業環境を害

してはいけない。

（機密保持・顧客情報の管理）

第12条の4　従業員は、会社及び取引先・顧客等に関する情報の管理
　　に十分注意を払うとともに、自らの業務に関係のない情報を不当に取
　　得してはならない。

2　従業員は、職場又は職種を異動あるいは退職するに際して、自らが
　　管理していた会社及び取引先・顧客に関するデータ・情報書類等を速
　　やかに返却しなければならない。

（出退勤）

第13条　従業員は、始業及び終業時にタイムカードを自ら打刻し、始業、
　　終業時刻を記録しなければならない。

（遅刻、早退、欠勤等）

第14条　従業員が、遅刻、早退もしくは欠勤をし、又は、勤務時間中
　　に私用で事業場から外出するときは、事前に申し出て許可を受けなけ
　　ればならない。ただし、やむを得ない理由で事前に申し出ることがで
　　きなかった場合は、事後速やかに届け出なければならない。

　　なお、この規則において本項に定める承認を得ない遅刻、早退、欠
　　勤、私用外出を、それぞれ「無断遅刻」、「無断早退」、「無断欠勤」、「無
　　断外出」とする。

2　傷病のため欠勤が引き続き3日以上に及ぶときは、医師の診断書
　　を提出しなければならない。

第4章　労働時間、休憩及び休日

（所定労働時間及び休憩時間）

第15条　始業、終業の時刻及び休憩時間は以下の通りとする。

始業時刻　午前9時00分　終業時刻　午後6時00分
休憩時間　正午から午後1時までの60分間

　　ただし、会社は、業務上必要な場合、上記始業時刻及び終業時刻を繰り上げ又は繰り下げすることがある。

（フレックスタイム制）

第15条の2　前条の規定にかかわらず、労使協定で定める対象労働者の労働時間は、本条に定めるフレックスタイム制による。

2　標準となる1日の労働時間は、8時間とする。フレックスタイム制が適用される社員が、年次有給休暇又は特別休暇を取得した場合、当該休暇を取得した日については、8時間勤務したものとみなす。

3　午前7時から午前10時30分までの間、午後3時から午後7時30分までの間は、フレキシブルタイムとし、始業及び終業の時刻については、従業員の自主的決定に委ねるものとする。

4　午前10時30分から午後3時までの間（休憩時間を除く。）については、これをコアタイムとし、所属長の承認のない限り、所定の労働に従事しなければならない。コアタイムにおける遅刻、早退、欠勤については、第14条の例による。

5　休憩時間は、正午から午後1時までの60分間とする。

6　清算期間は1か月間とし、毎月21日を起算日とする。

7　各清算期間に「労働すべき総労働時間」は、清算期間日数÷7日×40時間とする。

8　一清算期間における勤務時間が、前項の労働すべき総労働時間に満たなかった場合、会社はその不足分の労働時間数に対応する基本給の額を支払わない。ただし、当該清算期間の不足分の労働時間数を、法定労働時間の総枠の範囲内で、次の清算期間に加算した場合、その加算した時間数についてはこの限りではない。

（専門業務型裁量労働制）

第15条の3　専門業務型裁量労働制は、労使協定で定める対象労働者に適用する。

2　専門業務型裁量労働制の適用対象者は、所定労働日に勤務した場合、第15条の所定労働時間労働したものとみなす。

3　専門業務型裁量労働制の適用対象者の所定労働時間及び休憩時間は、第15条の定めを基本とするが、業務の必要に応じ、自らの裁量的判断で、業務に支障が生じない範囲で、始業時刻、終業時刻、休憩時間の取得時間帯を変更することができる。

4　対象労働者その他専門業務型裁量労働制については、労使協定の定めるところによる。

（企画業務型裁量労働制）

第15条の4　企画業務型裁量労働制は、労使協定で定める対象労働者に本人の同意を得て適用する。

2　企画業務型裁量労働制の適用対象者の労働時間は、労使委員会の決議で定める時間とみなす。

3　企画業務型裁量労働制の適用対象者の所定労働時間及び休憩時間は、第15条の定めを基本とするが、業務の必要に応じ、自らの裁量的判断で、業務に支障が生じない範囲で、始業時刻、終業時刻、休憩時間の取得時間帯を変更することができる。

4 対象労働者その他専門業務型裁量労働制については、労使委員会の決議の定めるところによる。

（事業場外みなし労働時間制）

第15条の5　従業員が労働時間の全部又は一部について、事業場外（在宅勤務、モバイル勤務の場合も含む）で業務に従事した場合において、労働時間を算定し難いときは、第15条の所定労働時間労働したものとみなす。事業場外みなし労働時間制が適用される従業員の労働条件等については、別途書面で明示することがある。

（管理監督者）

第15条の6　事業の種類にかかわらず監督若しくは管理の地位にある者（以下、「管理監督者」という）の所定労働時間及び休憩時間は、第15条の定めを基本とするが、業務の必要に応じ、自らの裁量的判断で、業務に支障が生じない範囲で、始業時刻、終業時刻、休憩時間とその取得時間帯を変更することができる。

2　管理監督者については、第17条1項を適用しない。ただし、管理監督者は、業務上必要がある場合、1日8時間を超え、又は、第16条の所定休日に業務に従事しなければならない。

（高度プロフェッショナル制度）

第15条の7　高度の専門的知識等を必要とし、その性質上従事した時間と従事して得た成果との関連性が通常高くないと認められる業務について、本人の同意を得て、高度プロフェッショナル制度の業務に従事する者については、第15条、第16条及び第17条を適用しない。所定労働時間、休憩、休日、時間外及び休日労働については労使委員会の決議及び高度プロフェッショナル制度規定による。

（休日）

第16条　所定休日は次の各号の通りとする。

①　毎日曜日（法定休日）

②　毎土曜日

③　国民の祝日に関する法律による休日

④　その他会社が休日と認める日

2　業務上必要がある場合には、会社は従業員に事前に通知して前項で定める休日を他の労働日と振替えることがある。

（時間外及び休日労働）

第17条　業務の都合により、第15条の所定労働時間を超え、又は、第16条の所定休日に労働させることがある。この場合において、法定の労働時間を超える労働又は法定の休日における労働は、あらかじめ会社が従業員代表と締結し、所轄労働基準監督署長に届け出た書面による協定に定める範囲を超えてさせない。

2　妊娠中の女性、産後1年を経過しない女性従業員（以下「妊産婦」という）であって請求した者及び18歳未満の者については、時間外労働又は休日若しくは深夜（午後10時から午前5時まで）労働に従事させない。

3　災害その他避けることのできない事由によって臨時の必要がある場合には、第1項から前項までの制限を超えて、所定労働時間外又は休日に労働させることがある。ただし、この場合であっても、請求のあった妊産婦については、時間外労働又は休日労働に従事させない。

第5章　休暇等

（年次有給休暇）

第18条　入社日から6か月間継続勤務し、所定労働日の8割以上出勤
　　した従業員に10日の年次有給休暇を与える。その後1年間継続勤務
　　するごとに、当該1年間において所定労働日の8割以上出勤した従
　　業員に、次の通り勤続期間に応じた日数の年次有給休暇を与える。

　①　勤続年数6か月においては10日

　②　勤続年数1年6か月においては11日

　③　勤続年数2年6か月においては12日

　④　勤続年数3年6か月においては14日

　⑤　勤続年数4年6か月においては16日

　⑥　勤続年数5年6か月においては18日

　⑦　勤続年数6年6か月においては20日

2　　第1項の年次有給休暇は、従業員があらかじめ請求する時季に取
　　得させる。ただし、従業員が請求した時季に年次有給休暇を取得させ
　　ることが事業の正常な運営を妨げる場合は、他の時季に取得させるこ
　　とがある。

3　　前項の規定にかかわらず、従業員代表との書面による協定により、
　　各従業員の有する年次有給休暇日数のうち5日を越える部分につい
　　て、あらかじめ時季を指定して取得させることがある。

4　　第1項及び第2項の出勤率の算定にあたっては、年次有給休暇を
　　取得した期間、産前産後の休業期間、育児・介護休業法に基づく育児
　　休業期間、介護休業期間及び業務上の傷病による休業期間は出勤した
　　ものとして取り扱う。

5　　付与日から1年以内に取得しなかった年次有給休暇は、付与日か
　　ら2年以内に限り繰り越して取得することができる。繰り越された

年次有給休暇とその後付与された年次有給休暇のいずれも取得できる
場合は、繰り越された年次有給休暇から取得させる。

6　年次有給休暇が10日以上与えられた従業員に対しては、付与日か
ら1年以内に、当該従業員の有する年次有給休暇日数のうち5日に
ついて、会社が従業員の意見を聴取し、その意見を尊重した上で、あ
らかじめ時季を指定して取得させる。ただし、従業員が本条第2項
又は労働基準法第39条第6項の規定による年次有給休暇を取得した
場合においては、当該取得した日数分を5日から控除するものとする。

（年次有給休暇の時間単位での付与）

第18条の2　労働者代表との書面による協定に基づき、前条の年次有
給休暇の日数のうち、1年について5日の範囲で次により時間単位の
年次有給休暇（以下、「時間単位年休」という）を付与する。

①　時間単位年休付与の対象者は、全ての従業員とする。

②　時間単位年休を取得する場合の、1日の年次有給休暇に相当する
時間数は、以下の通りとする。

所定労働時間が5時間を超え6時間以下の者…6時間

所定労働時間が6時間を超え7時間以下の者…7時間

所定労働時間が7時間を超え8時間以下の者…8時間

③　時間単位年休は1時間単位で付与する。

④　本条の時間単位年休に支払われる賃金額は、所定労働時間労働し
た場合に支払われる通常の賃金の1時間当たりの額に、取得した
時間単位年休の時間数を乗じた額とする。

⑤　上記以外の事項については、前条の年次有給休暇と同様とする。

（産前産後の休業）

第19条　6週間（多胎妊娠の場合は14週間）以内に出産する予定の女

性従業員から請求があったときは、休業させる。

2 　出産した女性従業員は、産後 8 週間休業させる。ただし、産後 6 週間を経過した女性従業員から請求があったときは、医師が支障がないと認めた業務に就かせることができる。

3 　前各項の休業は、無給とする。

（母性健康管理のための休暇等）

第 20 条　妊娠中又は出産後 1 年を経過しない女性従業員から、所定労働時間内に、母子保健法（昭和 40 年法律第 141 号）に基づく保健指導又は健康診査を受けるために申し出があったときは、次の範囲で時間内通院を認める。

① 　産前の場合

　　妊娠 23 週まで ……………… 4 週に 1 回

　　妊娠 24 週から 35 週まで…… 2 週に 1 回

　　妊娠 36 週から出産まで …… 1 週に 1 回

　　ただし、医師又は助産師（以下、「医師等」という）がこれと異なる指示をしたときには、その指示により必要な時間

② 　産後（1 年以内）の場合

　　医師等の指示により必要な時間

2 　妊娠中又は出産後 1 年を経過しない女性従業員から、保健指導又は健康診査に基づき勤務時間等について医師等の指導を受けた旨申し出があった場合、次の措置を講ずる。

① 　妊娠中の通勤緩和措置として、通勤時の混雑を避けるよう指導された場合は、原則として＿＿時間の勤務時間の短縮又は＿＿時間以内の時差出勤を認める。

② 　妊娠中の休憩時間について指導された場合は、適宜休憩時間の延長や休憩の回数を増やす。

③　妊娠中又は出産後の女性従業員が、その症状等に関して指導された場合は、医師等の指導事項を遵守するための作業の軽減や勤務時間の短縮、休業等の措置をとる。

3　前各項による勤務時間短縮及び休業は、無給とする。

（育児時間等）

第21条　1歳に満たない子を養育する女性従業員から請求があったときは、休憩時間のほか1日について2回、1回について30分の育児時間を与える。

2　生理日の就業が著しく困難な女性従業員から請求があったときは、必要な期間休暇を与える。

3　前各項による勤務時間短縮及び休暇は、無給とする。

（育児休業等）

第22条　従業員は、1歳に満たない子を養育するため必要があるときは、会社に申し出て育児休業をし、また3歳に満たない子を養育するため必要があるときは会社に申し出て育児短時間勤務制度等の適用を受けることができる。

2　育児休業をし、又は、育児短時間勤務制度等の適用を受けることができる従業員の範囲その他必要な事項については、「育児休業、育児のための深夜業の制限等及び育児短時間勤務に関する規定」で定める。

（介護休業等）

第23条　男女の従業員のうち必要のある者は、会社に申し出て介護休業をし、又は、介護短時間勤務制度等の適用を受けることができる。

2　介護休業をし、又は、介護短時間勤務制度等の適用を受けることができる従業員の範囲その他必要な事項については、「介護休業、介護

のための深夜業の制限等及び介護短時間勤務に関する規定」で定める。

（子の看護休暇）

第24条　小学校就学の始期に達するまでの子を養育する従業員は、負傷し、又は疾病にかかった当該子の世話をするために、又は当該子に予防接種や健康診断を受けさせるために、当該子が1人の場合は1年間につき5日、2人以上の場合は1年間につき10日を限度として、子の看護休暇を取得することができる。この場合の1年間とは、4月1日から翌年3月31日までの期間とする。

2　子の看護休暇は、時間単位（1日の所定労働時間の2分の1）で始業時刻から連続又は終業時刻まで連続して取得することができる。ただし、1日の所定労働時間が4時間以下である従業員は1日単位とする。

3　前各項による勤務時間短縮及び休暇は、無給とする。

（慶弔休暇）

第25条　勤続1年以上の従業員が申請をした場合は、次の通り慶弔休暇を与える。

①　本人が結婚したとき　3日

②　妻が出産したとき　　3日

③　配偶者、子又は父母が死亡したとき　3日

④　兄弟姉妹、祖父母、配偶者の父母又は兄弟姉妹が死亡したとき　1日

2　前項の休暇は、有給とする。

第6章　賃金及び賞与

（賃金及び賞与）

第26条　賃金及び賞与は、賃金規程に定める。

第7章　定年、退職及び解雇

（定年等）

第27条　従業員の定年は、満60歳とし、定年に満たした日の属する
　　　月の末日をもって退職とする。

2　前項の規定にかかわらず、定年後も引き続き雇用されることを希望
　　　し、解雇事由又は退職事由に該当しない従業員については、会社との
　　　間で労働条件について書面で合意したとき、定年退職後引き続き1年
　　　間定年後再雇用者として再雇用する。その後は1年毎、合意した更
　　　新基準に基づき、65歳までを限度として雇用を継続することがある。

（退職）

第28条　前条に定めるもののほか従業員が次のいずれかに該当すると
　　　きは、退職とする。

①　退職を願い出て会社から承認されたとき。

②　第9条に定める休職期間が満了し、なお、休職事由が消滅しな
　　　いとき。

③　会社に連絡なく30日を経過し、会社が所在を知らないとき。

④　死亡したとき。

⑤　その他会社と従業員が雇用契約を終了することに合意したとき。

2　従業員が、前項第1号の退職の申し出を行う場合には、原則とし
　　　て退職予定日の60日前までに申し出なければならない。

3　従業員が退職するときは、後任者に業務の引継ぎを行い、引継ぎを
完全に終えなければならない。

（解雇）
第29条　従業員が次のいずれかに該当するときは、解雇することがある。
①　精神又は身体の障害等により、業務に耐えられないと認められる
とき。
②　勤務成績又は業務能率が不良で、就業に適しないと認められるとき。
③　他の従業員と協調性に欠け、他の従業員の業務遂行に悪影響を及
ぼすとき。
④　勤務態度が不良で注意しても改善しないとき。
⑤　試用期間中の者で、会社が不適当と認めたとき。
⑥　事業の縮小、廃止その他会社の経営上やむを得ない事由があるとき。
⑦　雇用契約上従事すべき職務を特定の職務に限定して雇用された者
との関係で、当該職務が縮小又は廃止するとき。
⑧　雇用契約上一定の成果、能力を有することを重要な前提として雇
用された者との関係で、当該成果を達成できなかった場合又は当該
能力を欠くことが判明したとき。
⑨　その他前各号に準ずる事由があるとき。
2　前項の規定により従業員を解雇する場合は、少なくとも30日前に
予告するか又は予告に代えて平均賃金の30日分以上の解雇予告手当
を支払う。ただし、労働基準監督署長の認定を受けて第36条に定め
る懲戒解雇をする場合又は次の各号のいずれかに該当する従業員を解
雇する場合は、この限りではない。
①　日々雇い入れられる従業員（1か月を超えて引き続き使用される
に至った者を除く。）
②　2か月以内の期間を定めて使用する従業員（その期間を超えて引

き続き使用されるに至った者を除く。）

③　試用期間中の従業員（14日を超えて引き続き使用されるに至った者を除く。）

第8章　安全衛生及び災害補償

（遵守義務）

第30条　会社は、従業員の安全衛生の確保及び改善を図り、快適な職場の形成のため必要な措置を講ずる。

2　従業員は、安全衛生に関する法令及び会社の指示を守り、会社と協力して労働災害の防止に努めなければならない。

3　従業員は安全衛生の確保のため特に下記の事項を遵守しなければならない。

①　機械設備、工具等は就業前に点検し、異常を認めたときは、速やかに会社に報告し、指示に従うこと。

②　安全装置を取り外したり、その効力を失わせたりするようなことをしないこと。

③　作業に関し、保護具を使用し又は防具を装着しなければならないときは、必ず使用し又は装着すること。

④　喫煙は、所定の場所で行うこと。

⑤　常に整理整頓に努め、通路、避難口、消火設備のある所に物品を置かないこと。

⑥　火災等非常災害の発生を発見したときは、ただちに臨機の措置をとり、会社に報告し指示に従うこと。

⑦　従業員は、安全の確保と保険衛生のために必要に応じて会社に進言し、その向上に努めること。

（健康診断）

第31条　従業員に対しては、採用の際及び毎年1回（深夜労働その他労働安全衛生規則第13条第1項第3号で定める業務に従事する者は6か月ごとに一回）、定期に健康診断を行う。

2　前項の健康診断のほか、法令で定められた有害業務に従事する従業員に対しては、特別の項目についての健康診断を行う。

3　前2項の健康診断の結果必要と認めるときは、労働時間の短縮、配置転換その他健康保持上必要な措置を命ずることがある。

（安全衛生教育）

第32条　従業員に対し、雇い入れの際及び配置換え等により作業内容を変更した際に、その従事する業務に必要な安全衛生教育を行う。

（災害補償）

第33条　従業員が業務上の事由により負傷し、疾病にかかり、又は死亡した場合は、労働者災害補償保険法（昭和22年法律第50号）に定めるところにより申請に必要な手続を行う。なお会社は、同一事由について労働基準法上の災害補償の義務を免れる。

2　従業員が通勤により負傷し、疾病にかかり、又は死亡した場合は、労働基準法及び労働者災害補償保険法（昭和22年法律第50号）に定めるところにより保険給付を受けるものとする。

第9章　教育訓練

（教育訓練）

第34条　会社は、従業員に対し、業務に必要な知識、技能を高め、資質の向上を図るため、必要な教育訓練を行う。

2　従業員は、会社から教育訓練を受講するよう指示された場合には、特別の事由がない限り指示された教育訓練を受けなければならない。

第 10 章　副業・兼業

（副業・兼業）

第 35 条　従業員は、勤務時間外において、他の会社に雇用され、役員に就任し、又は個人で事業を営む場合その他これに準じる場合（以下「兼業・副業等」という）、事前に会社に所定の届出をしてその許可を得なければならない。

2　会社は前項の許可の判断に際して、当該従業員が兼業・副業等により次の各号のいずれかに該当しないかどうかを考慮するものとする。

① 労務提供上の支障がある場合又はその恐れがある場合。

② 企業秘密が漏洩する場合又はその恐れがある場合。

③ 会社の名誉や信用を損なう行為や、信頼関係を破壊する行為がある場合又はその恐れがある場合。

④ 兼業・副業等により、企業の利益を害する場合又はその恐れがある場合。

⑤ 兼業・副業等に従事する時間の把握が困難である場合。

⑥ その他、兼業・副業等に従事することにより、会社の業務に支障が生じる場合又はその恐れがある場合。

3　会社は、前各号の事由を考慮して、許可の取り消しをすることができる。

第11章　懲　戒

（懲戒の種類）

第36条　従業員が次のいずれかに該当する場合は、その情状に応じ、次の区分により懲戒を行う。

① けん責

　始末書を提出させて将来を戒める。

② 減給

　始末書を提出させて減給する。ただし、減給は1回の額が平均賃金の1日分の5割を超えることはなく、また、総額が1賃金支払期における賃金総額の1割を超えることはない。

③ 出勤停止

　始末書を提出させるほか、30日以内の期間を定めて出勤を停止し、その間の賃金は支給しない。

④ 停職

　始末書を提出させるほか、6か月以内の期間を定めて休職とし、その期間の賃金は支給しない。

⑤ 降格

　始末書を提出させるほか、職位を解任もしくは引き下げ、又は職能資格制度上の資格・等級を引き下げる。

⑥ 諭旨解雇

　一定期間内に退職届を提出するように勧告し、所定期間内に提出があれば退職扱いとし、所定期間内に提出がなければ懲戒解雇とする。

⑦ 懲戒解雇

　予告期間を設けることなく即時に解雇する。この場合において、所轄の労働基準監督署長の認定を受けたときは、解雇予告手当（平均賃金の30日分）を支給しない。

2　懲戒処分対象の規律違反行為等が次の各号の一に該当する場合は、懲戒処分等を加重する。

① 動機、手段又は方法が悪質な場合又は規律違反行為の結果が重大である場合。

② 集団による規律違反行為等を主導した場合。

③ 規律違反行為を行った従業員が役職者である場合。

④ 規律違反行為が会社に及ぼす影響が大きい場合。

⑤ 懲戒処分を受けた者が、過去に類似の規律違反行為を行ったことがある場合。

⑥ 同時に2つ以上の対象行為を行っていたとき。

3　従業員の行為が諭旨解雇もしくは懲戒解雇事由に該当又はその恐れがある場合、調査が終了するまでの間（原則として1か月間を上限とする）、出社を拒否することがある。この場合、出社拒否の期間は賃金を支給しない。

（懲戒の事由）

第37条　従業員が次のいずれかに該当するときは、情状に応じ、けん責、減給、出勤停止又は停職とする。

① 正当な理由なく業務に関する命令に従わないとき。

② 自己の職責を怠り、職務怠慢であったとき。

③ 業務上の権限を超え、又はこれを濫用して専断的行為があったとき。

④ 無断遅刻、無断早退、無断欠勤、無断外出をしたとき。

⑤ 過失により会社に損害を与えたとき。

⑥ けんか、素行不良等により社内の秩序又は風紀を乱したとき。

⑦ 監督不行き届きで、部下が会社に損害を与えたとき。

⑧ 第12条（セクシュアルハラスメントの禁止）、第12の2条（職場のパワーハラスメント等の禁止）、第12条の3（マタニティハラ

スメントの禁止）、第 12 条の 4（機密保持・顧客情報の管理）に違反したとき。

⑨　正当な理由なく、会社の命じる時間外労働、休日労働、出張、海外出張等の業務命令を拒んだとき。

⑩　経費の不正処理をしたとき。

⑪　企業外非行行為により会社の名誉・信用を損ない、又は会社に損害を及ぼした場合、その他、企業外非行行為により企業秩序が乱されたとき。

⑫　本規則その他会社の諸規定に違反したとき。

⑬　その他前各号に準ずる程度の不都合な行為があったとき。

2　従業員が次のいずれかに該当するときは、情状に応じ、諭旨解雇又は懲戒解雇とする。ただし、平素の服務態度その他情状によっては、前項の処分とすることがある。

①　重要な経歴を詐称して雇用されたとき。

②　無断欠勤が 7 日以上に及んだとき。

③　「無断遅刻」、「無断早退」、「無断欠勤」、「無断外出」を繰り返し、注意を受けても改めなかったとき。

④　故意又は重大な過失により会社に損害を与えたとき。

⑤　横領、窃盗、傷害等刑法その他刑罰法規の各規定に違反する行為を行ったとき。

⑥　暴行、脅迫、名誉棄損その他それに類する行為を行い、他の従業員、取引先若しくはその他会社関係者に傷害を負わせ精神的若しくは財産的な損害を被らせ、又は職場の秩序もしくは風紀を著しく乱した場合。

⑦　素行不良で著しく社内の秩序又は風紀を乱したとき。

⑧　第 12 条の 2（セクシュアルハラスメントの禁止）、第 12 条の 3（職場のパワーハラスメント等の禁止）又は第 12 条の 3（マタニティ

ハラスメントの禁止）に違反する行為を繰り返したとき。

⑨　第12条の2（セクシュアルハラスメントの禁止）、第12条の3（職
　　場のパワーハラスメント等の禁止）又は第12条の3（マタニティ
　　ハラスメントの禁止）に違反する行為の動機、手段又は方法が悪質
　　な場合又は当該行為の結果が重大である場合。

⑩　会社に許可なく在籍のまま、同業他社又は会社業務に関連する企
　　業に雇い入れられる、役員に就任する又は事業を営んだ等兼業した
　　とき又は第35条に違反して兼業・副業等をして会社に損害を与え
　　たとき（名誉、信用を棄損した場合も含む）。

⑪　職務上の地位を利用して私利を図り、又は取引先等より不当な金
　　品を受け、若しくは求め若しくは供応を受けたとき。

⑫　会社の名誉信用を損なう行為により、会社の名誉又は信用を著し
　　く棄損し、又は会社に重大な損害を与えたとき。

⑬　正当な理由なく会社の業務上重要な秘密を外部に漏洩して会社の
　　名誉もしくは信用を棄損し、又は会社に損害を与えたとき。

⑭　公務員等に贈賄行為を行ったとき。

⑮　その他業務上の指示又は会社の諸規定に著しく違反した場合で行
　　為態様が悪質なとき。

⑯　企業外非行行為により、会社の名誉・信用を著しく損ない、又は
　　会社に重大な損害を及ぼしたとき、その他、企業秩序が著しく乱さ
　　れたときでその行為態様が悪質なとき。

⑰　その他前各号に準ずる不都合な行為があったとき。

（懲戒処分に対する再審査）

第38条　停職、降格、論旨解雇及び懲戒解雇の懲戒処分に対して不服の
　　ある者は、十分な反証ができる場合に限り、本人への通知後2週間以
　　内（休日を含む）に、再審査の理由を記載した書面の提出をした上で、

会社の指定する方法で取締役会に再審査を請求することができる。

2　再審査請求は、本人が書面で行うものとし、口頭又は代理人による再審査請求は認めない。

（損害賠償）

第39条　従業員が故意又は過失によって会社に損害を与えたときは、会社は従業員に対し、その損害を賠償させることがある。また、従業員が損害を賠償したとしても、会社は、本章に基づき懲戒等を行うものとする。

2　従業員の損害賠償の義務は、退職又は解雇後においても免責又は軽減されるものではない。

第12章　雑　則

（裁判管轄）

第40条　会社と従業員の雇用関係に関する一切の紛争（訴訟に限らず、調停、労働審判も含む）は、会社の本店所在地を管轄する地方裁判所を第一審の専属的合意管轄とする。

（本規則の改廃）

第41条　会社は、本規則を改廃することがある。

2　会社が本規則を改廃するときは、労働者代表の意見を聴取して行う。

附　則

（附則）

この規則は令和〇年〇月〇日から適用する。

【参考文献】

・ 厚生労働省「情報通信技術を利用した事業場外勤務の適切な導入及び実施のためのガイドライン」平成 30 年
・ 厚生労働省「高度プロフェッショナル制度　わかりやすい解説」令和 3 年
・ 厚生労働省「在宅勤務での適正な労働時間管理の手引」平成 24 年
・ 厚生労働省「時間外労働の上限規制　わかりやすい解説」令和 3 年
・ 厚生労働省「テレワークの適切な導入及び実施の推進のためのガイドライン」令和 3 年
・ 厚生労働省「テレワークモデル就業規則～作成の手引き～」平成 29 年
・ 厚生労働省「フレックスタイム制のわかりやすい解説＆導入の手引き」令和 3 年
・ 厚生労働省「モデル就業規則　令和 2 年 11 月版」令和 2 年
・ 国土交通省「テレワーク人口実態調査」令和 2 年
・ 総務省「テレワークの動向と生産性に関する調査研究報告書」平成 22 年
・ 総務省「通信利用動向調査報告書」平成 12 年～平成 21 年
・ 総務省「令和元年版　情報通信白書」令和元年

・ Alvin Toffler The Third Wave William Morrow and Company 1980 ＝徳岡孝夫監訳『第三の波』中公文庫、昭和 57 年
・ 荒井太一「企業に求められる柔軟な働き方への対応と課題」『労働法学研究会報』9 巻 10 号、平成 30 年
・ 安西愈「ホワイトカラーの日本的雇用と労働時間の矛盾」『季刊労働法』132 号、昭和 59 年
・ 安西愈『トップ・ミドルのための採用から退職までの法律知識［十四訂］』中央経済社、平成 25 年
・ 池添弘邦「在宅勤務への政策対応　－労働法学の視点を中心に」独立行政法人 労働政策研究・研修機構、平成 20 年
・ 池添弘邦「『職場』の広がりと労働法の課題」『日本労働研究雑誌』627 号、平成 24 年
・ 池添弘邦「テレワーク再考」『季刊労働法』264 号、平成 31 年
・ 石嵜信憲編『労働時間規制の法律実務』中央経済社、平成 22 年
・ 石嵜信憲編『就業規則の法律実務［第 5 版]』中央経済社、令和 2 年

- 石橋英之ほか「コロナ時代の問題社員の実務的対応」『労働経済判例速報』2441号、令和3年
- 一般社団法人 日本テレワーク協会「テレワーク導入のための労務管理等Q＆A集」平成26年
- 一般社団法人 日本渡航医学会他「職域のための新型コロナウイルス感染症対策ガイド 第3版」令和2年
- 岩出誠『労働法実務体系 第2版』民事法研究会、令和元年
- 勝井良光「労働時間をめぐる法的諸問題」『労働経済判例速報』2026号、平成21年
- 菅野博之「六〇歳定年制を採用していた銀行における五五歳以上の行員を対象に専任職制度を導入する就業規則の変更のうち賃金減額の効果を有する部分がこれに同意しない右行員に対し効力を生じないとされた事例」『最高裁判所判例解説 民事篇（平成12年度)』法曹会、平成15年
- 公益財団法人 日本生産性本部「第1回 働く人の意識に関する調査 調査結果レポート」令和2年
- 公益財団法人 日本生産性本部「第2回 働く人の意識に関する調査 調査結果レポート」令和2年
- 小鍛冶広道「改正テレワークガイドラインの実務ポイント」『労務事情』1426号、令和3年
- 近藤堯夫「就業規則の再検討 (1)」『労働経済判例速報』1110号、昭和57年
- 佐藤彰男『テレワークの社会学的研究』御茶の水書房、平成18年
- 佐藤彰男「テレワークと『職場』の変容」『日本労働研究雑誌』627号、平成24年
- 下﨑千代子／小島敏宏編『少子化時代の多様で柔軟な働き方の創出』学文社、平成19年
- 白石哲編『裁判実務シリーズ1 労働関係訴訟の実務〔第2版〕』商事法務、平成30年
- 末啓一郎『テレワーク導入の法的アプローチ』経団連出版、令和2年
- 菅野和夫『労働法 第12版』弘文堂、令和元年
- 竹内寿「在宅勤務とワーク・ライフ・バランス」『ジュリスト』1383号、平成21年
- TMI総合法律事務所編『労働時間の法律相談』青林書院、令和2年

- 独立行政法人 労働政策研究・研修機構「情報通信機器を利用した多様な働き方の実態に関する調査結果」平成 27 年
- 東京大学労働法研究会『注釈労働基準法　下巻』有斐閣、平成 15 年
- 独立行政法人 労働政策研究・研修機構『ビジネス・レーバー・トレンド 2018 年 12 月号』平成 30 年
- 冨岡俊介「【論説】労働時間の上限規制を踏まえた労働時間制度等」『労働経済判例速報』2370 号、平成 31 年
- 長坂俊成「テレワークの法的性質と法的保護のあり方」『季刊労働法』193 号、平成 12 年
- 中山慈夫『就業規則モデル条文（第 4 版）』経団連出版、令和元年
- 西川暢春「咲くやこの花法律事務所作成モデル就業規則」令和 2 年
- 西谷敏ほか（編）『新基本法コンメンタール【第 2 版】労働基準法・労働契約法』日本評論社、令和 2 年
- 濱口桂一郎『新しい労働社会——雇用システムの再構築へ』岩波新書、平成 21 年
- 濱口桂一郎「テレワークの法政策」『季刊労働法』271 号、令和 2 年
- 平越格「裁判例を踏まえた労働時間管理の実務」『労働経済判例速報』2189 号、平成 25 年
- 古川靖洋『テレワーク導入による生産性向上戦略』千倉書房、平成 27 年
- 馬渡淳一郎「ネットワーク化と雇用の多様化」『季刊労働法』189 号、平成 10 年
- 三菱 UFJ リサーチ＆コンサルティング「テレワークの労務管理等に関する実態調査（速報版）」令和 2 年
- 柳原佐知子「日本におけるテレワークの現状と今後」『日本労働研究雑誌』709 号、令和元年
- 山川和義「緊急時テレワークの法的課題」『季刊労働法』271 号、令和 2 年
- 山川隆一「フレックスタイム制の運用状況と法的課題」『季刊労働法』162 号、平成 4 年
- 山本勲／黒田祥子『労働時間の経済分析　超高齢社会の働き方を展望する』日本経済新聞出版、平成 26 年

■著者紹介─────────────────────────

池内 康裕（いけうち・やすひろ）

弁護士（大阪弁護士会）。

2018 年に大阪市清掃連合協同組合顧問に就任。

労働・労務の経営者側代理人／債権回収／クレーム対応／契約書作成
その他商取引に関する相談／保険業法関連／新商品の開発・新規ビジネ
スの立ち上げに関する法的助言／許認可手続における行政対応／顧問弁
護士業務など、法人向けの企業法務全般に関する相談を受けている。

現在、顧問先企業向けに月 1 ～ 2 回程度勉強会・セミナーを開催し
ている。2020 年度開催例として、『失敗の本質』から学ぶ企業経営／新
型コロナウイルス感染拡大を踏まえた労働問題／人事考課・査定の基本
的考え方／電子契約について実務上の留意点／労働施策総合推進法を踏
まえたハラスメント対策などがある。

〈弁護士法人咲くやこの花法律事務所〉

咲くやこの花法律事務所は、未払い残業代・就業規則・採用、解雇の
トラブル・労働審判・労働組合・団体交渉・労働環境のトラブルなど、
経営者側の労働・労務問題を取り扱う法律事務所です。約 360 社（2021
年 6 月現在）の企業・病院・団体・個人の方と顧問契約を締結してい
ます。週に 1 回、事務所内で勉強会を開催するなどして、弁護士全員
が職人として専門性を高めるべく日々研鑽に励んでいます。「労務・労
働問題、債権回収、クレーム、IT、不動産、契約書、誹謗中傷、著作権」
など企業法務の解決事例をホームページでご紹介しています。

〒 550-0011 大阪府大阪市西区阿波座 1 丁目 6-1 MID 西本町ビル 9 階
TEL：06-6539-8587
URL：https://kigyobengo.com/

テレワーク導入のための就 業 規則作成・変更の実務

2021 年 7 月 30 日　発行

著　者　　池内 康裕 ©

発行者　　小泉 定裕

発行所　　株式会社 清文社

東京都千代田区内神田 1 - 6 - 6 （MIF ビル）
〒 101-0047　電話 03（6273）7946　FAX 03（3518）0299
大阪市北区天神橋 2 丁目北 2 - 6 （大和南森町ビル）
〒 530-0041　電話 06（6135）4050　FAX 06（6135）4059
URL https://www.skattsei.co.jp/

印刷：亜細亜印刷㈱

ISBN978-4-433-75751-9